Speer

Esther Vilar

Speer

Mit Beiträgen von
Klaus Maria Brandauer
und Wolfgang Schäche
Fotos Jim Rakete

: TRANSIT

: TRANSIT Buchverlag
Gneisenaustraße 2 · 10961 Berlin

Umschlaggestaltung, unter Verwendung
eines Gemäldes von Lorenzo Vespignani,
© VG Bild-Kunst, Bonn 1997,
und Layout: Gudrun Fröba
Foto von Esther Vilar: Jim Rakete
Druck, auf chlor- und säurefreiem Werkdruckpapier
der Firma Munkedals, und Bindung
Pustet GmbH
ISBN 3-88747-128-8

Inhalt

Lukas Leuenberger

Zum Projekt Speer

Das Projekt Speer ist das Ergebnis der engen, sehr intensiven und auch herzlichen Zusammenarbeit zwischen Esther Vilar, Klaus Maria Brandauer, Hans Hoffer, Wolfgang Schäche und mir – und schließlich auch Peter Simonischek, der später dazugekommen ist. Mein Verhältnis zum Thema Speer wurde dadurch nachhaltig geprägt.

Zum ersten Mal habe ich 1988 Albert Speers »Erinnerungen« und seine »Spandauer Tagebücher« gelesen. Das hat den Anstoß gegeben, mich eingehend mit Speer zu befassen. Als ich 1995 im Hinblick auf das Projekt an Esther Vilar herangetreten bin, hat sich bereits bei der ersten Zusammenkunft gezeigt, daß uns an Speer vor allem eines interessiert: seine lebenslange »Erfolgsgeschichte«.

Wir haben uns daraufhin mit Wolfgang Schäche in Berlin getroffen, den ich erstmals 1993 besuchte, nachdem ich seine Publikationen zu Albert Speer gelesen hatte. Wolfgang Schäche, als Architekturhistoriker seit langem mit Speer und der Rolle des Bauens im Nationalsozialismus beschäftigt, vermittelt das Thema so, daß Speers Aktivitäten in ihren vielschichtigen Verstrickungsebenen und Konsequenzen bewußt werden.

Geschichte hat auch ihre Orte. Bei Speer ist es in diesem Fall der Pariser Platz in Berlin, genauer das bis heute noch als Gebäudetorso erhaltene Haus der Akademie der Künste. So lag es nahe, daß dies auch der Ort für unser Vorhaben sein mußte. Nach einem ausführlichen Gespräch mit Walter Jens, damals Präsident der Akademie der Künste, heute ihr Ehrenpräsident, sowie dem Präsidialsekretär Hans Gerhard Hannesen, haben wir die Zusage erhalten, das Projekt im Haus am Pariser Platz verwirklichen zu können. Damit konnten wir nach langer Vorbereitungszeit mit der eigentlichen Arbeit beginnen.

Es war unser Wunsch, Klaus Maria Brandauer für die Inszenierung und als Schauspieler gewinnen zu können. In München hatten wir bald Gelegenheit, ihm das Projekt vorzustellen. Seine Begeisterung und sein Engagement während unseres

Treffens hat Esther Vilar so ermutigt, daß sie unmittelbar danach mit dem Schreiben begann. Mit dem hier publizierten Diskurs zwischen Albert Speer und Hans Bauer, einem Exponenten der DDR, angesiedelt 1980, im Haus am Pariser Platz, legt sie ein Stück vor, das zu einer neuen Auseinandersetzung mit Albert Speers Wirken und Wirkung herausfordert.

Bereits nach der Lektüre der ersten Arbeitsfassung hat Klaus Maria Brandauer zugesagt, das Stück an dem historischen Ort zu inszenieren, wo der »Generalbauinspektor« ab 1937 den Umbau Berlins zur »Welthauptstadt Germania« geplant und bis weit in die Kriegsjahre vorangetrieben hatte.

Über Jahrzehnte neben dem Brandenburger Tor einziger historischer Zeuge auf dem hermetisch abgesperrten Pariser Platz im DDR-Grenzgebiet, steht die Akademie der Künste jetzt zwischen dem neuerrichteten Hotel Adlon und der Baustelle der DG Bank. Vor dem Hintergrund der sich rasch verändernden Umgebung hält der noch übriggebliebene Gebäudeteil bis heute die Erinnerung an die bewegte Vergangenheit dieses berühmten Platzes wach. Klaus Maria Brandauers Inszenierung von Esther Vilars *Speer*, an dem Ort, dessen Schicksal so stark mit Albert Speer verhaftet ist, versteht sich damit als Spurensicherung in letzter Minute. Hans Hoffer hat dafür ein Raumkonzept entwickelt, das während diesem kurzen Innehalten die Geschichte des Hauses eindringlich fühlbar macht.

Esther Vilar und Klaus Maria Brandauer möchte ich herzlich dafür danken, daß sie dieses Projekt ermöglicht haben.

Esther Vilar

Speer

Personen

Albert Speer, 75
Hans Bauer, 50

Zeit

Ein Abend im Jahr 1980

Ort

Berlin-Mitte, Akademie der Künste am Pariser Platz 4. Ehemaliger großer Ausstellungssaal.
Seit 1907 Sitz der Akademie der Künste, wurde das Gebäude auf Verfügung Hitlers ab 1937 bis 1945 Sitz des »Generalbauinspektors für die Reichshauptstadt Berlin« (G.B.I.). Die Akademie der Künste mußte das Haus für Albert Speers Behörde räumen. Vom Platz aus gesehen links grenzt das Haus bis 1945 (und seit 1997 wieder) an das legendäre Hotel Adlon (Unter den Linden 77). Im Nachbargebäude rechts (Pariser Platz 3) befand sich bis 1945 das »Ministerium für Bewaffnung und Munition«, als dessen Chef Albert Speer ab Februar 1942 bis zur Kapitulation Deutschlands fungierte.
1980 (zur Zeit der Handlung des Stückes) befand sich der rückwärtige Teil des Hauses als einziges nicht gänzlich zerstörtes Gebäude des nun verwaisten Pariser Platzes abgesperrt direkt an der Mauer, auf DDR-Grenzgebiet. Es beherbergte einige Ateliers von Mitgliedern der Akademie der Künste der DDR und diente u.a. den Grenztruppen der DDR als Quartier.

PS: Das Gebäude soll ab 1998 von Grund auf erneuert und ausgebaut sowie durch einen neuen Entreé-Bau ergänzt werden, um am Ende des Jahrtausends der Akademie der Künste wieder als Hauptsitz zu dienen.

Bauer und Speer kommen durch die Haupttür in den dunklen Raum. Speer trägt einen seiner eleganten, maßgeschneiderten Anzüge, darüber einen Wintermantel aus Cashmere, einen klassischen Herrenhut. Bauer ist ebenfalls elegant gekleidet, aber durchaus aus der Sicht der DDR.
Er zündet sein Feuerzeug, sucht neben der Tür nach dem Lichtschalter.

SPEER Andere Seite

Es wird hell.
Speer ist stehengeblieben, läßt den Blick nach Architektenart ruhig über den Raum schweifen.
Bauer läßt ihn dabei nicht aus den Augen.

SPEER *den Blick des andern bemerkend*
Enttäuscht.
BAUER Enttäuscht?
SPEER Der Täter kehrt an den Ort des Verbrechens zurück.
als Bauer abwehrend die Hände hebt
Der Ort des Verbrechens wäre das Nebenhaus gewesen. *Dort* war ich sein Rüstungsminister. Hier habe ich ihm ausschließlich als Architekt gedient.
auf das umherliegende Material weisend – Leiter, Bretter, Böcke, Schemel, Farbtöpfe, Plastikeimer, Zementsäcke
Sie renovieren?
auf Bauers resignierte Geste hin
Kein Geld.
BAUER Geld hatten wir in der DDR noch nie.
SPEER Aber jetzt seid ihr endgültig in den roten Zahlen?
BAUER *ironisch*
Das hat sich also herumgesprochen?
SPEER Die Mauer da draußen kommt sicher nicht ganz billig. Ich habe das mal spaßeshalber überschlagen … Schön. Was möchten Sie von mir hören?
als Bauer abwehren will
Ich weiß doch, warum die Leute mich so gern kennenlernen. Die in meinem Alter nehmen sich vor, mich wegen meines Verhaltens am Ende des Krieges zur Rede zu stellen. Denn da habe ich ja unseren Führer ver-

raten, nicht wahr? Und die Jüngeren, so wie Sie, die brennen darauf, mit mir über meine Anfänge abzurechnen. Wie habe ich bei dieser Bande überhaupt einsteigen können? Hatte ich nicht MEIN KAMPF gelesen? So kriege ich vierunddreißig Jahre nach Nürnberg noch immer tagtäglich meinen kleinen Prozeß an den Hals.

BAUER *freundlich*
Haben Sie's gelesen?

SPEER Was?

BAUER MEIN KAMPF?

SPEER *müde*
Nein.
... Kein Mensch hat das damals gelesen. Das ist noch langweiliger als euer KAPITAL, das hier wohl ebenfalls keiner liest? Aber jetzt werden Sie mir natürlich gleich sagen, daß Sie beides auswendig hersagen können?

BAUER Jedenfalls hab' ich's gelesen. Genau wie Ihre Werke, Herr Speer. Aber das ist bei mir fast so etwas wie eine Sucht. Bücher, meine ich. Politische Bücher. Die Memoiren der großen Staatsmänner, wie sie sich selber sehen. Die Biographien über die gleichen Männer: Wie sehen sie die andern? Immer möchte ich wissen: Wer lügt hier? Warum lügt er? Wie war's wirklich? ... Das beschränkt sich nicht auf die neueste Zeit. Das geht zurück bis zu Leuten wie Ramses der Zweite, Julius Caesar, Napoleon. Auf Sankt Helena, was ist da passiert? War er wirklich krank oder haben sie ihn umgebracht? Oder Elisabeth die Erste ... Tolles Weib. Aber das mit dem Mariechen Stuart war wohl nicht wie bei Schiller? ... Lächerlich, ich weiß. Vor allem, wenn es sich um längst Verstorbene handelt. Wie kann einer da je die Wahrheit erfahren? ... Und darum bin ich ja so glücklich, mit Ihnen hier zu sein, Herr Speer! Denn Sie, Sie leben! Und mit Ihnen lebt die Weltgeschichte!

SPEER *resigniert*
Dann bringen wir's hinter uns.

BAUER *sich immer mehr in Begeisterung redend*
Sie sind eine der ganz wichtigen Figuren dieses Jahrhunderts! Und wie Sie wissen, denkt man da außerhalb

Deutschlands ebenso. Der Londoner Daily Mirror schreibt noch am 9. April 1944 …

SPEER Observer? Der Londoner Observer!

BAUER Ah –, der Observer … also ein Jahr vor Kriegsende schreibt der: »Speer ist heute für Deutschland wichtiger als Hitler, Himmler, Göring, Goebbels oder die Generäle … Sie alle sind nichts als Mitwirkende dieses Mannes geworden … « Ein organisatorisches Genie, schreiben sie, das ganz allein die riesige Kampfmaschine führt … Ein reiner Techniker, für den die politische Meinung keine Rolle spielt … Also *eigentlich* kein Nazi, nicht wahr? Und dann zum Schluß: »Die Hitlers und Himmlers mögen wir los werden, aber die Speers werden immer bei uns sein!«
Und Sie sind bei uns!
Bei uns?
Aber was sag ich denn:
Bei mir!
geht mit ausgebreiteten Armen zu ihm hin, schließt ihn mit einer spontanen Geste in die Arme

SPEER *seinen Verehrer mit freundlicher Geduld von sich schiebend*
Herr Bauer …

BAUER *über den Raum weisend*
Albert Speer und Hans Bauer … In diesem Raum, wo seinerzeit alles angefangen hat! Von mir stammte übrigens auch die Idee, Sie zum heutigen Vortrag einzuladen. Ein Vortrag über Architektur, ich wußte, daß Sie das reizen muß! Es gibt ja wohl nicht allzuviele Menschen, die Sie heute noch als Architekten wahrnehmen? Vielleicht geht er darauf ein, hab' ich mir gesagt. Und wenn er dann einmal da ist, kann ich ihn vielleicht auch dazu überreden, mich in seine Dienststelle zu begleiten. Ihre ehemalige Generalbauinspektion … Und hier sind Sie!
da Speer seine Begeisterung offenbar kalt läßt
Sie bleiben skeptisch? Ich kann es Ihnen beweisen … !
er geht zu einem aus Brettern und Böcken improvisierten Tisch, nimmt eine Champagnerflasche aus dem Eiskübel, hält sie hoch
Wie es sich zu einem festlichen Anlaß gehört!

während er den Korken löst
Natürlich konnten wir nicht von vornherein garantieren, daß heute abend auch unser Staatsratsvorsitzender anwesend sein würde.
Doch siehe da …
zugleich mit dem Knallen des Champagnerkorkens
er kam!

SPEER *kann seine Genugtuung nicht ganz verbergen*
Das hat mich schon ein bißchen gewundert.

BAUER *die bereitstehenden Gläser füllend*
Sie sind auch für uns ein »Medienstar«. Unser eigenes Fernsehen erträgt leider nicht einmal die Regierung.

SPEER Die ja heute abend so gut wie vollständig vertreten war? Jedenfalls hatte mir das Ihr Kulturbeauftragter zugeflüstert.

BAUER Wenn Sie wüßten, wie wenig bei uns normalerweise los ist! Aber keiner der Herren hat sich gelangweilt.

SPEER Und keiner hat mich angepöbelt. Ebenfalls eine Seltenheit.

BAUER *kommt mit den gefüllten Gläsern*
Ich bitte Sie. Wir sind zwar die armen Verwandten, aber ungehobelt sind wir nicht.
reicht ihm sein Glas

SPEER Ich habe lange überlegt, ob ich diese Einladung annehmen soll.

BAUER Unsere Honorare sind nicht Westniveau, ich weiß.

SPEER *lacht*
Die Honorare! … Nein, ich hatte Ihr Who's Who studiert und dabei mit Betroffenheit festgestellt, daß es zumindest in der Riege Ihrer älteren Genossen keinen einzigen zu geben scheint, der nicht irgendwie unter Hitler zu leiden hatte. Die Kommunisten waren ja seinerzeit die ersten, auf die er losging, vor allem hier in Berlin. Offenbar hat Erich Honecker acht Jahre lang in Brandenburg gesessen. Und wenn ein Mensch nachfühlen kann, was das bedeutet, dann bin das wohl ich!

BAUER Aber so langweilig wie bei Ihnen in Spandau war das natürlich nicht. Soviel ich weiß, war er zumindest tagsüber in Ihrer Rüstung beschäftigt.

SPEER Honecker hat für mich gearbeitet?

Bauer Vor allem auf Ihren Dächern wahrscheinlich. Er hat ja Dachdecker studiert. Zum Schluß wurde es dann aber offenbar ziemlich ungemütlich: Da war er bei einem Himmelfahrtskommando, hat mit bloßer Hand Minen und Zeitzünder räumen müssen. Wenn er aus jenen Tagen zu erzählen beginnt, versuchen wir uns alle zu drücken, denn da hört er dann nie wieder auf. Aber das kennen Sie ja sicherlich von sich selbst?

Speer *hebt ihm sein Champagnerglas entgegen*

Auf die Gnade des Zuspätgeborenen. Ihnen ist sie vergönnt gewesen.

Bauer Das ist es ja, was einen an Ihrer Vita dermaßen fasziniert: Und ich – wie hätte ich mich an seiner Stelle verhalten? Das fragt sich doch jeder! Die Hauptstadt der Welt errichten: Auch wenn es von einem Verbrecher kommt, das ist ja schon ein Angebot! … Neun von zehn Architekten hätten sich wie Albert Speer entschieden, sage ich immer … Aber lassen wir das. Im Jahr 1980 sollte die historische Perspektive die einzige sein, die noch zählt.

er hebt nun seinerseits Speer das Glas entgegen

Herr Speer, es ist mir ein unendliches Vergnügen!

Speer Wie hätte ich Ihnen das abschlagen können, nachdem mich Ihr Staatsratsvorsitzender auch noch persönlich darum gebeten hat?

sie trinken sich zu, wobei Speer sein Glas sogleich wieder absetzt

Sind wir hier nicht allein?

Bauer *lauscht*

Ich höre nichts … Nebenan haben sie allerdings eine Arrestzelle eingerichtet. Wenn die zur Zeit belegt wäre, hätte man mir das aber sicherlich mitgeteilt.

Speer Eine Arrestzelle? In der Akademie der Künste?

Bauer Nur als Durchgangsquartier. Es gibt ja immer ein paar, die ausgerechnet an dieser Stelle über die Mauer möchten.

Speer Wird da … gefoltert?

Bauer *lacht*

Aber nein! Der Sachverhalt liegt doch klar zutage: Sie wollten weg, wir haben sie aufgehalten. Da gibt es nichts zu foltern! … Nach dem Verhör kommen sie in eine reguläre Strafanstalt.

SPEER Na denn …

er hebt abermals sein Glas, trinkt ihm zu, diesmal jedoch mit spürbarer Distanziertheit

Eine Arrestzelle! Wenigstens das ist dem armen Max Liebermann erspart geblieben. Der wohnte ja gleich da drüben, Pariser Platz 7, und bekanntlich ist ihm schon schlecht geworden, als hier damals die ersten Braunhemden aufmarschierten.

»Ick kann ja nich so ville fressen, wie ick kotzen möchte!«

BAUER Nach seinem Tod ist seine Witwe aus Angst vor der Deportation aus dem Fenster gesprungen.

SPEER Zuhause in Heidelberg kann ich mir einfach nicht vorstellen, daß »meine Akademie« heute direkt hinter der Mauer liegt.

BAUER Davor.

SPEER Richtig. Wer bei einem Bauwerk die Kosten trägt, darf wohl auch bestimmen, was vorn und hinten ist? … Einen klugen Kopf hat Erich Honecker Sie vorhin genannt. Worin Ihre Aufgabe besteht, sagte er allerdings nicht …

da Bauer darauf offenbar keine Antwort geben will, und nach einem weiteren Schluck

Krimsekt?

BAUER Roederer Kristall, made in California.

SPEER Ich kenne mich da leider gar nicht aus. Mein erstes Glas Sekt habe ich in Paris getrunken. Da war ich schon Sechsunddreißig.

BAUER *wieder ganz der Geschichtsbegeisterte*

Nach der Kapitulation Frankreichs? Bei Ihrer historischen Blitzvisite? Dann war's Champagner! … An dieses Foto erinnere ich mich haargenau. Sie stehen zu dritt vor dem Eifelturm: Hitler, zu seiner Rechten Sie, auf der andern Seite der Bildhauer Arno Breker, stimmt's?

SPEER Sogar *er* hat an dem Tag getrunken. Oder wenigstens genippt:

»Auf die schönste Stadt der Welt!«

»Die zweitschönste, mein Führer«, hat Breker korrigiert.

»Die schönste müssen wir erst noch bauen!«
Er wandte sich an mich: »Auf Albert Speer, den größten Baumeister der letzten viertausend Jahre!«
Ich stand stramm: »Auf die Welthauptstadt GERMANIA und ihren unsterblichen Bauherrn. Heil Hitler!«
»Heil Speer!«, konterte Hitler Er stand ebenfalls stramm, hob die Rechte mit dem Champagner, der prompt über den Ärmel seiner Uniform schwappte. Aber er hat nur gelacht. Ich habe ihn nie so glücklich gesehen wie an diesem Tag!

BAUER Die Welthauptstadt GERMANIA!
er eilt zu dem zugedeckten Modell der Kuppelhalle, Maßstab 1:200 und somit 1,60 m hoch, das er zur Bestätigung kurz abtastet
Jawohl ...
er zieht mit einem Ruck das Tuch fort

SPEER *überrascht und erfreut*
Wo habt ihr denn das aufgestöbert?

BAUER *stolz auf die geglückte Überraschung*
Wir konnten Ihnen ja nicht gut einen Blumenstrauß in dieses Zimmerchen stellen.
Leider nicht ganz meine Idee. Eine meiner Mitarbeiterinnen hat das anfertigen lassen. Die Sie übrigens glühend verehrt: »Der einzig respektable Nazi. Der einzige, der wahrhaftig bereut hat und im Gefängnis ein neuer Mensch geworden ist.«

SPEER Hübsch?

BAUER Frau Hellriegl? Nicht so hübsch wie Ihre Londoner Freundin. Und auch nicht ganz so jung.

SPEER *seinen Einwurf ignorierend und, während er das Modell von allen Seiten betrachtet*
Meine Kuppelhalle! Jetzt bin ich wirklich gerührt!

BAUER Hätte da wirklich eine Million Menschen reingepaßt?

SPEER *muß über seine Naivität lächeln*
Hundertachtzigtausend. Für die Million war der Versammlungsplatz davor kalkuliert.
er beschreibt mit den Armen das Ausmaß des vor der Halle geplanten Platzes

BAUER Dreihundertzwanzig Meter Höhe! Das ist doch wohl höher als der Petersdom?

SPEER *sieht sich um*

Der Petersdom wäre daneben …

er holt einen hohen Plastikeimer, stellt ihn umgekehrt neben das Modell

so groß gewesen … Und der Berliner Reichstag, warten Sie …

da er nichts Geeignetes entdeckt, nimmt er seinen Hut vom Kopf, legt ihn neben den Plastikeimer

der wäre im Vergleich dazu so.

tritt ein paar Schritte zurück

Na ja, cum grano salis.

BAUER *während er seinen Mantel auszieht und an eine der Leitern hängt*

Wollen Sie nicht ablegen? Es ist Ihnen doch nicht kalt?

er ist Speer beim Ausziehen des Mantels behilflich, hängt diesen ebenfalls an die Leiter, legt seinen Hut dazu

Noch ein Schluck Champagner?

SPEER Gerne!

während der andere sein Glas füllt, mit Blick auf das Modell

Langsam komme ich tatsächlich in Festtagsstimmung.

BAUER Warten Sie …

er eilt zum Tisch zurück

SPEER Noch eine Überraschung?

BAUER *eine Filmrolle zeigend*

Frau Hellriegl hat diesen Film von Ihren Planungen aufgetrieben. Das würde Ihnen Freude machen, meinte sie … Denn wahrscheinlich haben Sie den seinerzeit ja selbst in Auftrag gegeben?

SPEER Der ist erhalten?

BAUER *die Filmprojektion vorbereitend*

In unseren Archiven befindet sich manches, das im Westen als verschollen gilt.

SPEER Hitlers Tagebücher haben Sie aber nicht zufällig?

BAUER Bei unserer Finanzlage hätten wir die längst verhökert.

über den Projektor gebeugt

Falls es mir gelingt, dieses Ding zum Laufen zu bringen. Besonders talentiert bin ich da nämlich nicht …

als er bemerkt, wie Speer die Wände mustert

Zu Ihrer Zeit war das wohl alles in makellosem Zustand?

SPEER Haben Sie eine Ahnung! Einmal hat Goebbels hier sogar falsche Brandbomben hochgehen lassen. Ohne mich auch nur zu fragen. Wir konnten tagelang nicht an unser Modell!

BAUER *mit dem Filmgerät beschäftigt*
Wieso das?

SPEER Hitler wollte endlich die Bombardierung Londons in Gang bringen. Und da hatte Goebbels eben die gloriose Idee, einen Bombenangriff auf Berliner Institutionen zu simulieren. Als die Fotos unserer verrußten Wände in den Zeitungen waren, konnte der Führer mit dem Zorn des Gerechten gen Engeland fliegen.

BAUER Ihr Freund Goebbels …

SPEER Sie werden es nicht glauben, aber er war in dieser Bande der einzige, mit dem man sich einigermaßen unterhalten konnte.

BAUER Das schreiben Sie in Ihren Büchern … Ihre Bücher!
er läßt den Projektor stehen, geht zum Tisch
Das würde sie mir niemals verzeihen, meine Frau Hellriegl. Ich mußte ihr hoch und heilig versprechen, daß ich Sie nicht von hier weglasse, ehe Sie ihr diese zwei Bände signieren.
er nimmt zwei Bücher, liest die Titel
Albert Speer: ERINNERUNGEN … Albert Speer: SPANDAUER TAGEBÜCHER …

SPEER *tritt zu ihm an den Tisch*
Fehlt natürlich mein Architekturband. Aber der war ja auch kein Bestseller …
die zerlesenen Bücher betrachtend
Die wurden aber wirklich gelesen!
nimmt seine Füllfeder
Wie heißt sie denn?

BAUER *zum Projektor zurückgekehrt*
Hellriegl … Hellen … jeweils Doppel-L.
Wie hoch ist eigentlich die Gesamtauflage?

SPEER *mit dem Signieren beschäftigt*
Keine Ahnung … Millionen.

BAUER Glänzende Kritiken!

SPEER Solche und solche.

BAUER Sogar im jüdischen New York, wie man hört. Nach Ihrem Tod wird die New York Times Sie einen Menschenfreund nennen.*

SPEER Ich beklage mich ja nicht.

BAUER Das ist jetzt schon das dritte Mal, daß Sie eine gigantische Karriere machen.

SPEER *lacht*
So gigantisch, daß ich jedesmal zu träumen glaubte!

BAUER Und wie geht's weiter?

SPEER *amüsiert*
Von der Privatindustrie kommt schon einiges an Verlockungen. Ein Scheich will mich zur Zeit partout als Städteplaner einkaufen!

BAUER Und? Reizt Sie das nicht?

SPEER Ich weiß nicht, ob man sich in meinem Alter noch einmal eine ganze Stadt aufhalsen soll. Und bei den Offerten aus Wirtschaft und Industrie möchten ja die meisten, daß ich im Verborgenen walte. Unter Pseudonym sozusagen. Da schreibe ich lieber unter eigenem Namen meine Bücher.

BAUER Bedrückt es Sie eigentlich, daß jede Ihrer Karrieren mit einem Todesfall begonnen hat? Als damals Paul Ludwig Troost gestorben ist, haben Sie das Amt des Hitler-Architekten von ihm geerbt. Und bei Ihrer Ernennung zum Minister für Bewaffnung und Munition hat es dann abermals einen Trauerfall gegeben: Ihr Vorgänger Fritz Todt hatte sich geweigert, noch länger den Krieg gegen die Sowjetunion – ja überhaupt den Krieg – mitzumachen. Also ließ Hitler ihn ermorden und setzte Sie auf seinen Stuhl.
als Speer auflacht
Haben Sie auch nur eine Sekunde lang an die Version mit dem Flugzeugunglück geglaubt?

* Das hat die New York Times tatsächlich getan (siehe Arno Gruen, Der Wahnsinn der Normalität, München 1990).

Speer *ist mit dem Signieren fertig – äußerlich bleibt er gelassen, doch die Art, wie er nun das zweite Buch zuklappt und zu dem anderen wirft, läßt auf Erregung schließen*
Da habe ich ja nochmal Glück gehabt! Denn wenigstens bei meiner Karriere als Erfolgsschriftsteller ist mir kein Toter anzulasten. Bei der Vorbereitung dieser beiden Bände bin ich ja in Spandau sicher hinter Schloß und Riegel gesessen!

Bauer *er ist mit dem Einlegen der Filmrolle beschäftigt, wird jedoch während des Weitersprechens so von seinen Emotionen überwältigt, daß es ihm nur schwer gelingt*
Es gilt heute als erwiesen, daß es allein Ihrer genialen Handhabung von Hitlers Rüstungsmaschinerie zu danken ist, daß sein Krieg zwei Jahre länger dauern konnte.
auf das Gerät bezogen
Verdammter Mist …
Zwei Jahre! Das sind siebenhundertdreißig Tage Vernichtung! Die Gesamtzahl der Kriegsopfer liegt bei fünfundfünfzig Millionen. Die beiden letzten Jahre waren aber ganz besonders »vernichtungsintensiv«: In der Zivilbevölkerung, bei den Soldaten, den Fremdarbeitern, Juden, Zigeunern, Homosexuellen ist die Mehrzahl erst in dieser Zeit umgekommen. Und damit dürften so an die dreißig Millionen Tote auf die Rechnung Ihres übermenschlichen Organisationstalents gehen!
mit steigender Erregung
Dreißig Millionen Tote, Herr Speer! Umgekommen auf den Schlachtfeldern, in Luftschutzbunkern, Arbeitslagern, Gaskammern … Und da sagen Sie … Sie sagen, daß ausgerechnet Ihr Erfolg als Schriftsteller … Wenn man sich um Ihre Bücher reißt, so doch wohl darum, weil kein Mensch begreift, wie ein dermaßen sympathischer Mann zu so vielen Leichen kommt!
er merkt, daß er zu weit gegangen ist, beherrscht sich mit äußerster Anstrengung
Das ist der richtige Hebel, jawohl!
er hat unterdessen einen Probelauf gestartet, den er nun anhält
So, ich glaube, jetzt hab' ich's … Es kann losgehen …

ohne sich nach Speer umzusehen – dazu ist sein Abscheu noch zu groß – rückt er für ihn einen der Malerschemel zurecht, den er mit seinem Taschentuch kurz abstaubt
Bitte …

Bauer geht zum Lichtschalter neben der Tür, tastet sich in der Dunkelheit zu seinem Platz am Projektor zurück. Auf der blanken Rückwand des Raumes wird ein Film mit Sequenzen der GERMANIA*-Planung projeziert.*

BAUER *nach einer gewissen Laufzeit, wieder in verbindlichem Tonfall*
Erinnern Sie sich?
als keine Antwort erfolgt
Herr Speer … ?
Bauer eilt zum Lichtschalter. Als es hell wird, steht Speer bei der Leiter, zieht seinen Mantel an. Bauer eilt zu ihm
Herr Speer … Herr Speer!
er versucht Speer den Mantel wieder auszuziehen, doch der wehrt ab

SPEER *müde*
Sie haben keine, aber nicht die geringste Ahnung.

BAUER Deswegen frage ich doch das alles!

SPEER Nach außen sah das alles blendend aus, ist mir klar.

Der Film ist unterdessen bei Licht weitergelaufen. Bauer zieht dem plötzlich gebrechlich wirkenden Speer den Mantel wieder aus, führt ihn behutsam zu dem bereitgestellten Malerschemel, läßt ihn sich setzen, macht das Licht wieder aus, geht zum Projektor zurück.

BAUER *nach einer Weile*
Aber Sie erinnern sich?

SPEER *bitter*
Erinnern? Den habe ich ein paar Dutzend Mal gesehen! Kein Gast, den er damit nicht zu beglücken suchte. Der arme Duce mußte ihn sogar zweimal über sich ergehen lassen!

BAUER Und Hitler hat verlangt, daß Sie jedesmal dabei sind?

SPEER Ich war ja sein Spielzeugfabrikant!
nach weiteren Minuten, mit plötzlicher Ungeduld

Also ich kenne das Opus!
BAUER Dann schalten wir ab!

Bauer schaltet den Film ab, macht wieder Licht.

BAUER Und das alles war hier drin aufgebaut? In diesem Saal?
SPEER Dafür wären die anderen Räume zu klein gewesen.
BAUER *zur Tür deutend*
Und hier kam er herein?
SPEER Ich hatte ihm einen Fußweg durch die Ministergärten anlegen lassen. So konnte er jederzeit unbehelligt von seiner Reichskanzlei zum Hintereingang der Akademie. Und dann hier herein, ja.
BAUER Muß für einen verkrachten Maler ein erhebendes Gefühl gewesen sein. An der Wiener Akademie für Bildende Künste wird er mangels Begabung abgewiesen, also geht er ein Land weiter, wird Diktator und setzt kurzerhand die gesamte Kunstelite an die Luft. Um dann in aller Seelenruhe sein eigenes Gesamtkunstwerk zu planen … In Ihren ERINNERUNGEN schreiben Sie, daß er fast jeden Tag hier erschienen ist?
SPEER Bis zu Beginn des Rußlandfeldzugs. Da hatte er dann natürlich andere Sorgen. Und ab Februar 42 war ich dann ja zusätzlich sein Minister für Rüstung und Munition und bin ins Nebenhaus umgezogen, Pariser Platz 3. GERMANIA wurde vertagt.
BAUER Auf die Zeit nach dem Endsieg.
SPEER Auf die Zeit nach dem Endsieg.
BAUER Und das Riesenmodell stand hier?
er geht zur Mitte des Saales
Wo genau? Die Kuppelhalle zum Beispiel … ?
deutet fragend über den Raum
SPEER *weist auf die betreffende Stelle*
Da.
BAUER Und der berühmte Triumphbogen? … Sie finden das komisch, ich weiß. Aber so bin ich nun einmal, ich hatte Sie gewarnt!

Speer erbarmt sich seiner, steht auf, nimmt die Styropor-Kuppelhalle und plaziert sie an der richtigen Stelle.

Speer Wenn hier die »Große Halle« ist und davor der »Große Platz« … der »Adolf-Hitler-Platz« mit Aufmarschmöglichkeit für eine Million Menschen … dann wäre hier der neue Führerpalast gestanden und hier … Reichen Sie mir doch ein paar von diesen Brettern …
als Bauer sich nicht entscheiden kann
von den breiten …
Bauer bringt die mit weißer Farbe verschmierten Bretter, legt sie mit Speers Hilfe so, daß sie, von der Kuppelhalle ausgehend, die »Prachtstraße« darstellen
Hier hätte dann die eigentliche Prachtstraße begonnen, so breit wie die Champs-Elysées und der Kurfürstendamm zusammen. Länge sechs Kilometer, bis zum Nordbahnhof sogar sieben …
mit der Geste eines ans Kommandieren gewöhnten Mannes auf die Bretter weisend, von denen Bauer nun weitere für ihn heranschleppt und als Verlängerung der »Prachtstrasse« auf den Boden legt
… die dann hier am neuen Südbahnhof endet … Das ist jetzt natürlich nicht maßstabgerecht, die Bretter müßten noch ein gutes Stück weitergehen …
er deutet auf die Zementsäcke
Zwei!
Bauer bringt zwei der flachen Säcke, die Speer als Gegenpol zur Kuppelhalle ans entgegengesetzte Ende der »Prachtstraße« legt. Darüber drapiert er das zum Quadrat gefaltete weiße Tuch, das vorher über der Kuppelhalle war. Der Grundriß der so bedeckten Fläche entspricht etwa dem der Kuppelhalle, die Höhe beträgt etwa zwanzig Zentimeter
Der Bahnhof … Hier sollte der Reisende in Berlin ankommen, aus dem Bahnhof treten und staunen.

Bauer Und der Triumphbogen?

Speer Der Triumphbogen …
er deutet auf einen weißverschmierten Malerschemel, ein gutes Drittel so hoch wie das Modell der Kuppelhalle, den Bauer folgsam für ihn heranholt
Hier.
Bauer stellt den Schemel an der angegebenen Stelle über das Brett der »Prachtstraße«, tritt zurück

Bauer Höher als der in Paris, hab' ich recht?

SPEER Mehr als doppelt so hoch ...
Vom Bahnhof bis hierher wäre die ganze Straße von Beutewaffen gesäumt gewesen ...
Hier links dann das neue Schauspielhaus ...
auf seiner »Straße« langsam in Richtung Kuppelhalle gehend, deutet er nun erklärend nach rechts und links. Nach rechts deutend
Die neuen Ministerien ... Arbeit ... Finanzen ... Erziehung ... Inneres ... Justiz ...
nach links deutend
»Kraft durch Freude« ... das SS-Hauptquartier ... Wirtschaftsministerium ... Kolonialministerium ... Verkehrsministerium ...
nach rechts deutend
Die neue Oper ... die neue Philharmonie ... das Auswärtige Amt ... das neue Propagandaministerium für Herrn Goebbels ...
nach links deutend
Das Oberkommando des Heeres ... die Soldatenhalle ...
nach rechts deutend
gegenüber Görings neuem Reichsmarschallamt ...
er ist bei der Kuppelhalle angelangt
Und hinter der »Großen Halle« das gigantische Wasserbecken, in dem sie sich hätte spiegeln sollen ...
nach rechts deutend
Das Oberkommando der Marine. Ich war seit meiner Studentenzeit ein begeisterter Wassersportler – die Marine sollte ihren Sitz am Wasser haben ...
nach links deutend
Zellengefängnis ... Polizeipräsidium ... Rathaus ... und zum Abschluß der neue Nordbahnhof!
er hat sich immer mehr in Begeisterung geredet, merkt es, bricht ab

BAUER Und da haben Sie dann beide gespielt?

SPEER So ist es.

BAUER Hat er denn von Architektur überhaupt etwas verstanden?

SPEER Er war ein Dilettant, wie in allem. Wie viele Autodidakten konnte er nicht beurteilen, was wirkliches Fachwissen bedeutet. Denn von Kriegsführung hat er ja letzten Endes auch nichts verstanden. Seine Anfangserfolge kamen einfach daher, daß er sich nicht an die Regeln der Experten hielt.

BAUER An welchem Teil seiner Stadt hing er denn am meisten?

SPEER Ganz nach Stimmung. Sehr gern hielt er sich hier unten am Südbahnhof auf.

er ist zum »Bahnhof« gegangen

Da ging er dann in die Hocke …

er geht in die Hocke

Das Modell befand sich ja auf Tischhöhe … und hat sich vorgestellt, wie das auf die Ankommenden wirken würde: »Zerschmettert werden sie sein, Speer! Buchstäblich zerschmettert!«

Bauer lacht

Hier beim Triumphbogen hat es ihm aber auch gut gefallen …

er ist beim Triumphbogen

Den hatte er ja schon Mitte der zwanziger Jahre entworfen, als er in München Parteiredner war.

er geht auf dem »Prachtstraßen«-Brett zur Kuppelhalle, stellt sich dahinter

Wenn er seine eigene spätere Rolle im Voraus geniessen wollte, stand er auf dieser Seite … Da hat er sich ausgemalt, wie die Besuchermassen zu ihm hergepilgert kämen …

Wenn er hier stand, ist er nie in die Knie.

BAUER Hatte er wegen dieses Aufwands niemals irgendwelche Zweifel? Ich meine, Goebbels hat doch alles getan, um ihn als bescheidenen Mann anzupreisen?

SPEER *lacht*

Das war's ja! »Großartig muß es wirken, Speer! Je großartiger meine Umgebung, desto auffallender meine Einfachheit!«

BAUER *in sein Lachen einstimmend*

Das hat er gesagt?

SPEER Wörtlich. Und todernst. Er hatte ja überhaupt keinen Humor.

BAUER Jetzt muß ich Sie einmal etwas ganz anderes fragen, Herr Speer. Und ich hoffe, Sie nehmen es mir nicht übel. Sie sagen, daß Sie damals, ganz am Anfang, meist tagtäglich hier mit ihm beisammen waren. Nur Sie beide ... Ich sage jetzt um Himmelswillen nicht, Sie hätten ihn umbringen sollen: Ein Attentat ist ja nun wirklich nicht jedermanns Sache ... Aber hätten Sie nicht versuchen können, ihm ... vorsichtig natürlich, ganz ganz vorsichtig ... das eine oder andere ... auszureden?

SPEER *amüsiert*
Wie zum Beispiel?

BAUER Nun, ich weiß nicht, aber ich stelle mir vor, es ist morgens, er kommt hier herein ...
er steht stramm
»Heil Hitler!«, rufen Sie.
»Heil Speer!«, sagt er.

SPEER *lacht*
Das hat er wirklich nur dieses eine Mal gesagt!

BAUER »Guten Morgen, lieber Speer« also.
Offenbar ist er glänzender Laune. Und darum Sie:
in devotem Tonfall
»Mein Führer, im Rundfunk habe ich gehört, daß unsere Truppen in die Tschechoslowakei einmarschieren. Wenn ich mir hierzu eine Bemerkung erlauben dürfte ...?«
er ist am »Südbahnhof«, geht dort als Hitler in die Hocke, um seine »Prachtstraße« zu bewundern
»Nicht so schüchtern, mein Guter. Schießen Sie los!«
»Ich habe mir überlegt, wie darüber dann einstmals vielleicht unsere Nachkommen denken: Hatte ein so großes Volk wie das deutsche es nötig, ein so kleines, wehrloses Ländchen zu überfallen?«
da Speer über seine Vorstellung amüsiert scheint, fühlt er sich zu einer weiteren Variante animiert
Oder so ...
diesmal in salopp-kollegialem Tonfall
»Mein Führer, ganz unter uns: Diese ewigen Angriffe auf London!«
»Wir machen diese Stadt dem Erdboden gleich, jawohl!«
»Das ist es ja! Vielleicht gefällt das den Generälen, aber als Ihr Architekt muß ich da nun wirklich protestieren:

Was wird aus *unserer* Stadt? Wer soll später einmal sagen, unser GERMANIA sei prächtiger als die Hauptstadt des britischen Empire, wenn London nicht mehr vorhanden ist?«

SPEER Sie kannten ihn eben nicht. Man konnte ihn vielleicht vom einen oder anderen Bauplan abbringen, aber niemals von einem Krieg.
Außerdem wollte ich, daß er fremde Länder erobert. Ich wollte das hier ja tatsächlich bauen. Und für eine Welthauptstadt braucht man natürlich auch eine Welt!

BAUER In Ihren ERINNERUNGEN schreiben Sie, daß Sie Hitler damals sozusagen »verfallen« waren: Seine magische Stimme, sein magischer Blick ... An dem Mann scheint ja alles magisch gewesen zu sein? Warum kommt davon aus den Filmaufnahmen von damals so wenig zu uns herüber?

SPEER Heute kann ich mir das natürlich auch nicht mehr erklären.
über das Modell weisend
Wir teilten einen gigantischen Traum!

BAUER Und er? Glauben Sie, daß er Ihnen ebenfalls »verfallen« war?

SPEER Einer meiner Mitarbeiter hat das einmal behauptet, Professor Hettlage. Er hatte uns hier bei der Arbeit zugeschaut und als Hitler gegangen war, sagte er dann zu mir: »Herr Speer, wissen Sie, was Sie sind? Sie sind Hitlers unerfüllte Liebe!«

BAUER Wie haben Sie das aufgenommen? Ich meine, waren Sie erfreut, verärgert, geniert?

SPEER Ich war glücklich! Ich Idiot bin glücklich gewesen, jawohl!

BAUER Jedenfalls war's extravagant. Während man in den Konzentrationslagern Homosexuelle liquidiert, sind Albert Speer und Adolf Hitler einander in unsterblicher Leidenschaft verfallen.
er sieht sich um
Dann wäre das also abgesehen von allem andern auch noch eine Art ... Liebesnest gewesen?

SPEER *lacht*

Also alles kann man mir nachsagen, aber schwul war ich nie!

BAUER Das sehe ich ebenso.

SPEER Sie meinen, ich hätte Hitlers Schwäche lediglich für mich arbeiten lassen?

BAUER *während er am Tisch die Gläser nachfüllt*
Könnte man Ihnen das verübeln? Sie waren jung, gutaussehend, ambitioniert ... Er war alt, jedenfalls in Vergleich zu Ihnen, von eher abstoßendem Äußeren und zu der Zeit der mächtigste Mann Europas ... Außerdem konnten Sie ja sicher sein, daß er Ihnen niemals zu nah treten würde. Was immer man gegen Ihren Ex-Chef vorbringen mag, er war ein Mann von Charakter: Wenn er schon jemand haßte ... Kommunisten, Juden, Schwule ... würde er auch sich selbst keine Ausnahme gönnen. Sie konnten also unter dem Schutz seiner romantischen Gefühle in aller Ruhe Karriere machen.
er kommt mit den gefüllten Gläsern, reicht eines Speer
Auf die Sache mit dem »magischen Blick« haben Sie sich wohl erst in Nürnberg besonnen: »Hohes Gericht, ich war diesem Mann verfallen! Meine Bewunderung hatte mich blind gemacht!«
hebt sein Glas
Ich bitte Sie: Sollen sich immer nur die weiblichen Täter auf die große Liebe berufen dürfen?

SPEER Ich habe in Nürnberg nichts dergleichen behauptet!

BAUER Erst in Ihren Memoiren, richtig. In Nürnberg sagten Sie nur: »Wenn Hitler Freunde gehabt hätte, dann wäre ich sein Freund gewesen.«
Man hatte schon eine Zeitlang hie und da fernes Hundegebell gehört, das in der nun folgenden Szene deutlich wird: Es handelt sich um einen einzelnen Hund, der immer wieder aufbellt

SPEER Sagen Sie, mein lieber Herr Brauer ...

BAUER Bauer.

SPEER Ist das alles nicht ein bißchen zu feinfühlig für einen Mann, der einem Regime wie diesem dient? Wie steht's denn in Ihrem Lager mit der Moral? Dieser Champagner zum Beispiel: Kriegt den bei euch jeder?

Was ist mit der perfekt organisierten Personenüberwachung, von der man im Westen soviel hört? Was passiert mit dem armen Kerl, der vielleicht in diesem Augenblick da drüben in der Arrestzelle sitzt? Falls es da überhaupt eine Sitzgelegenheit geben sollte?

BAUER Gibt es. Nur zum Hinlegen reicht's nicht ganz.

SPEER Was ist mit den Dissidenten, die ihr in euren psychiatrischen Anstalten pflegt? Wie steht's mit dem Heer von Mauertoten?

BAUER Das sind bis heute noch nicht einmal hundert.

SPEER Die Zeiten haben sich aber geändert. Was früher vielleicht als Betriebsunfall gelten mochte, ist heute eine stolze Zahl.

BAUER Die hatten aber die Wahl! Bei euch ist seinerzeit der eine Teil der Bürger an die Front und der andere ins Gas geschickt worden. Und die in den Luftschutzkellern hatten ja auch nicht viel zu lachen ... Wer bei uns überleben will, geht einfach nicht an die Mauer.

SPEER Offenbar gibt es aber nicht wenige, die lieber da draussen verbluten als euer Arbeiterparadies zu genießen?

BAUER Und für die hätten wir weiß Gott lieber eine andere Lösung. Nur welche? Sozialismus ist ein Konzept, nach dem jeder Mensch nach Möglichkeit das Gleiche haben soll. Leider gibt es aber immer ein paar, die mehr möchten als die andern.

SPEER Und Sie? Sie möchten nicht mehr? ... Die Menschen wollen Freiheit!

BAUER Freiheit, Freiheit ... Ich habe noch keinen kennengelernt, der die wirklich aushält. Wir reden alle von der Freiheit, das ja! Wir schwärmen von der Freiheit und wenn es sein muß, töten und sterben wir auch für sie ... Aber mit der Freiheit *leben*? Von Tag zu Tag selbst entscheiden, was mit einem geschehen soll? ... Was glauben Sie, warum wir immer wieder besinnungslos verliebt sein möchten? ... Warum wir heiraten, Kinder kriegen, Firmen gründen, in die Kirche rennen? Um unsere verdammte Freiheit loszuwerden, oder?

wegen eines kurzen, aber sehr lauten Gebells muß er hier unterbrechen

Ich habe erst kürzlich wieder zu Erich Honecker gesagt: Lassen wir sie doch einfach rüber! Lassen wir sie ausprobieren, wie das mit der Freiheit ist! Ein Jahr und sie kommen von allein zurück! Aber mit sowas stößt man bei ihm natürlich auf taube Ohren ...
Sie haben es in Ihrem Buch doch selbst beschrieben: Nach Ihrer Entlassung aus Spandau, wie Sie sich anfangs danach gesehnt haben, wieder dort zu sein ...
Warum bleiben Sie nicht bei uns? Hier gibt es alles, was Sie im Westen vermissen: Das Essen schmeckt besser, weil man für jede Zutat eine Ewigkeit anstehen mußte ... Die Gespräche sind aufregender, weil man nie genau weiß, ob der andere nicht vielleicht doch ein Spitzel ist ... Sogar der Sex ist schöner, weil unsere Einheitspille dermaßen viele Nebenwirkungen hat, daß unsere Angebeteten lieber darauf verzichten. Und so wird dann eben jeder Akt der Liebe zum russischen Roulette ...
das Hundegebell ist unterdessen ganz verstummt
Aber lassen wir das, dazu ist Ihre Zeit nun wirklich zu schade ... Eine Frage hätte ich noch, Herr Speer. Ich meine, sofern Sie noch immer ein wenig Geduld mit mir haben ...?
man merkt Speer an, daß er langsam genug hat, als wohlerzogener Mensch macht er dennoch eine einladende Geste
... Das Areal, auf dem Sie Ihre Welthauptstadt zu errichten gedachten. Dieses hier ...
er geht auf dem Brett der »Prachtstraße«, breitet die Arme aus
Ich meine, das war doch gigantisch!
Hätte das nicht den Abriß der halben Stadt bedeutet?

SPEER *lachend*
Die wurde dann ja dank der glorreichen Royal Air Force ohnehin »abgerissen«.

BAUER Von diesen Bombardements konnten Sie aber damals noch nichts wissen. Und da haben doch sicher die herrlichsten alten Gebäude gestanden?

SPEER Beim Bauen wird immer etwas zerstört. Und wenn es nur eine Wiese ist.

BAUER Und die Menschen, die da gelebt haben? Das sind doch Abertausende von Wohnungen gewesen?

Speer Vierundfünfzigtausend.

Bauer Wo sollten die denn hin? Nicht einmal ein organisatorisches Genie wie Sie konnte soviele Neubauten aus dem Boden stampfen?

Speer Das war natürlich schon ein Problem. Aber wenn man sich ernsthaft um eine Lösung bemüht, findet man sie immer.

Bauer Also zu sowas würde mir keine einfallen. Vierundfünfzigtausend abgerissene Wohneinheiten ... Das macht doch an die zweihunderttausend Obdachlose, oder?

Speer *kühl*
Ich sehe.

Bauer Ich möchte doch nur fragen ...

Speer Ich weiß, was Sie fragen möchten.

Bauer setzt sich in seiner Verlegenheit rittlings auf den Malerschemel, der als »Triumphbogen« über der »Prachtstraße« steht.

Bauer Herr Speer, ich bin da jetzt tatsächlich in einer etwas peinlichen Lage ... Ich meine, Sie sind ja hier sozusagen mein Gast ...

Speer hat sich wie schutzsuchend hinter die Kuppelhalle gestellt, auf deren Rundung er nun seine beiden Hände legt.

Speer Sie möchten mit mir über die Judenwohnungen sprechen?

Bauer Auch wenn ich nur eine Art Amateurhistoriker bin, aber das gehört doch irgendwie zum Thema, oder? Zu dieser Örtlichkeit, dieser Sache ...
er weist unbeholfen über das Modell

Speer Das läßt sich leider nicht leugnen.
nach einer Pause
Meine Lösung bestand darin, sämtliche Berliner Juden aus ihren oft tatsächlich recht geräumigen Wohnungen hinauszuwerfen ... zu »entmieten«, wie wir das damals nannten ... und in diesen Wohnungen jene Personen unterzubringen, deren Behausungen wir wegen der geplanten Bebauung abreißen mußten.

BAUER Sofern sie »arisch« waren?

SPEER Sofern sie »arisch« waren.

BAUER Und das hat Sie nicht gestört?

SPEER Gestört …

nach kurzem Nachdenken

Sagen wir so: Nicht mehr wie bei jeder anderen Gruppe von Menschen. Sicher hätte ich mit genau dem gleichen Maß an Unbehagen allen Ärzten, Straßenbahnschaffnern oder Rothaarigen die Wohnung gekündigt. Nur hätte das dann eben einen Proteststurm des deutschen Volkes entfacht.

BAUER Während sich bei den Juden keiner beschwerte?

SPEER … So ist es.

BAUER Wie bei der Sache mit der sogenannten Reichskristallnacht, nicht wahr? Als damals im ganzen Land die Synagogen brannten und die Scheiben sämtlicher jüdischer Geschäfte zertrümmert lagen … Da hat sich ja auch keiner beschwert. Wissen Sie zufällig noch, zu welchem Zeitpunkt Sie erstmals von der Räumung der Judenwohnungen gesprochen haben?

SPEER *lacht*

Herr Bauer, jetzt sind Sie wirklich ein bißchen naiv! Als Generalbauinspektor hatte ich mich um Baustellen im ganzen Reich zu kümmern. So zynisch das im Nachhinein klingen mag: Aus damaliger Sicht war das Kündigen von ein paar tausend Wohnungen eine Bagatelle, die ich selbstverständlich meinen Mitarbeitern überließ.

BAUER Aber wir wissen es.

SPEER Was wissen Sie?

BAUER Das Datum, an dem Sie sich zum ersten Mal mit dieser Angelegenheit befaßt haben. Vor Zeugen zumindest.*

* Johann Friedrich Geist/Klaus Kürvers, in: 1945 – Krieg – Zerstörung – Aufbau, Berlin 1995, S. 68

er nimmt zwei zusammengefaltete Seiten aus der Brusttasche seines Jacketts
Ich habe Ihnen ja gesagt, daß wir hier über die erstaunlichsten Unterlagen verfügen. Und darum meinte Ihre Verehrerin, Frau Hellriegl, daß das unbedingt in Ihre Hände gehört. Es sei nämlich nicht ganz auszuschließen, daß davon im Imperial War Museum in London eine Kopie existiert. Vielleicht werden Sie also einmal überraschend darauf angesprochen? In einem BBC-Interview zum Beispiel. Nicht auszudenken!
Speer kommt – diesmal neben dem Brett gehend – zu ihm her, streckt die Hand ungeduldig nach dem Papier aus. Doch Bauer hat seine Brille herausgeholt, beginnt daraus zu zitieren
... Das Protokoll einer Sitzung in Ihrer Dienststelle, und zwar vom 14. September 38 und somit fast zwei Monate vor der soeben erwähnten Kristallnacht, von der Sie schreiben, Sie seien zu sehr mit anderen Dingen beschäftigt gewesen, um sie als Signal zur Umkehr zu deuten. Wer weiß, ob es nicht das war, womit Sie damals beschäftigt waren, Herr Speer? Denn hier heißt es, Sie hätten auf dieser Sitzung ... zwei Monate vor dem offiziellen Startschuß zur Jagd auf die Juden ... Sie hätten da den Vorschlag gemacht, das Problem der nach dem Abriß fehlenden Wohnungen ... ich lese vor: »durch zwangsweise Ausmietung der Juden freizumachen« und die Hinausgeworfenen in neu zu erbauenden Kleinwohnungen unterzubringen, die ihnen, wörtlich: »am besten in einem geschlossenen Block ...« zur Verfügung gestellt werden sollten. Und Sie baten »um die Feststellung, wieviel Mittel- und Großwohnungen in Berlin von Juden besetzt sind.«

SPEER *abermals die Hand ausstreckend*
Eine Fälschung.

BAUER Also mir gefällt am besten der Zusatz Ihres Protokollanten, Herrn Petrick, hier, ganz am Schluß ...
er hat umgeblättert, liest die letzten Zeilen
»Dieser Vorschlag ist streng vertraulich zu behandeln, da Professor Speer zunächst die Auffassung des Führers erkunden will.«

Erst jetzt händigt Bauer die Seiten Speer aus, der seine Brille schon bereit hat und sofort zu lesen beginnt.
In der entstehenden Pause entfernt er sich bis zum »Südbahnhof«.

BAUER *von dort*
Mit anderen Worten, Herr Speer: Noch bevor Adolf Hitler so recht wußte, wie er seinen Juden an Gold und Leben soll, hatten Sie den ganz konkreten Plan, diese aus ihren Behausungen zu vertreiben und »in einem geschlossenen Block« unterzubringen … Ein pedantischerer Mensch als ich könnte Sie also ohne schlechtes Gewissen als den Architekten des ersten Judenghettos der neueren Zeit bezeichnen.

SPEER *das Dokument gelassen in die Tasche steckend*
Also doch noch ein abendliches Nürnberg. Hab' ich's nicht gleich gesagt?

BAUER In Nürnberg hätte Sie dieses Dokument den Kopf gekostet!

SPEER Herr Bauer, falls das tatsächlich Ihr richtiger Name sein sollte … Dieser Vorschlag, falls er wirklich von mir gemacht worden ist, denn erinnern kann ich mich daran nicht … der ist absolut gespenstisch. Er ist zynisch, pervers und gemein. Doch es ist wohl ein Unterschied, ob man einen Menschen in einer Zeit akuter Wohnungsnot von einer großen Wohnung in eine kleine evakuiert, oder ob man ihn aus seinem Heim, wie groß auch immer, herauszerrt und in einen Zug nach Auschwitz setzt!

BAUER *noch immer am »Bahnhof«*
Nach dem Hinauswurf aus seiner Wohnung hat er bereits in diesem Zug nach Auschwitz gesessen, Herr Speer! … Man will uns immer weismachen, daß Auschwitz bei den Gaskammern beginnt. Aber das ist ja nur das Ende … Sie werden jetzt wieder sagen, daß einem wie mir soviel Moral nicht zusteht: Aber für mich beginnt Auschwitz, als die deutsche Frau auf der Straße diesen verschüchterten Kindern mit dem Stern auf dem Mäntelchen begegnet und einfach weiterläuft! Ich meine, die deutsche Frau! Die war zu jener Zeit doch sonst so sensibel!

die Sängerin Zarah Leander nachahmend
»Derr Winnnd hat mirr ein Lied errzählt … »
freundlich
Wie war das eigentlich mit Ihrer Frau Gemahlin, Herr Speer? Die hatte das auch gesehen. Jeder hat es gesehen. Aber dann sitzt sie abends mit den Damen der übrigen Bonzen bei ihrem Führer und hört sich leuchtenden Auges DIE LUSTIGE WITWE an: Das ist schon Auschwitz gewesen!

SPEER Meine Frau lassen Sie aus dem Spiel!

Es entsteht eine Pause, in der Bauer, erkennbar betreten, vom »Bahnhof« bis zur Ecke mit dem Baumaterial geht.

BAUER *von dort*
Es tut mir leid … Wirklich, Herr Speer … Es ist dieses verdammte Thema!

SPEER Das kann Sie nur ehren … Herr Bauer, werden wir doch konkret: Der erste Zug von Berlin nach Auschwitz ist am 11. Jüli 42 gefahren. Das war ganze vier Jahre später, als ich längst Rüstungsminister war. Und wissen Sie, welchem meiner ehemaligen Mitarbeiter zu dieser Zeit das Ressort »Judenwohnungen« unterstanden hat? Jenem Professor Hettlage, den ich gerade in Zusammenhang mit Hitlers sogenannter Leidenschaft erwähnt habe. Und der ist dann nach dem Krieg Staatssekretär in Konrad Adenauers Finanzministerium und Träger des Verdienstkreuzes der Bundesrepublik Deutschland geworden. Da er noch am Leben ist, schlage ich vor, daß Sie ihn zu der Sache befragen.

BAUER Ist das wahr?

SPEER Ob was wahr ist?

BAUER Das mit dem Verdienstkreuz?

SPEER Aber das ist doch nicht der Einzige!
Während ich für sie im Gefängnis saß, haben die meisten meiner ehemaligen Mitarbeiter die steilsten Karrieren gemacht!
als Bauer auflacht
Ich kann nur hoffen, daß Ihnen so etwas nie passiert!

BAUER Es ist das Gleichnis, das mich zum Lachen bringt …

er steht in dem Augenblick bei dem Gerüst, mimt mit ausgebreiteten Armen den Gekreuzigten
Jesus Speer, für die Sünden des deutschen Nazi an das Kreuz von Spandau genagelt!

SPEER Dieses Gleichnis ist weniger abwegig als Sie denken!

BAUER *sich nacheinander Ohren, Augen und Nase zuhaltend*
Ausgerechnet er, der nichts gehört, gesehen oder gerochen hat. Nicht einmal dann, wenn ihn seine Adjutanten direkt an den Gruben vorbeikutschierten.

Eine Pause.

SPEER Herr Bauer, ich bin kein Antisemit gewesen.

BAUER Ein beliebter Satz.

SPEER Falls es anders wäre, würde ich's sagen: Ich habe mich in meinen Büchern ja auch sonst nicht geschont ... Natürlich war ich auch kein Philosemit, wie das heute bei den deutschen Jungakademikern Mode ist. Doch ein Feind der Juden war ich zu keinem Zeitpunkt ... Stellen Sie sich doch vor: Ich hatte ein jüdisches Kindermädchen! Hätten meine Eltern uns Kinder in die Obhut einer Jüdin gegeben, wenn sie Antisemiten gewesen wären? ... Dann das Gymnasium, die Universität: Da hat es doch damals von Juden nur so gewimmelt! Mit einigen bin ich sogar befreundet gewesen!

BAUER *ungewohnt scharf*
Was ist denn aus denen geworden?

SPEER *ebenso*
Listen habe ich nicht geführt!
nach einer Pause, sehr müde
Ich will hier nicht auf Unschuld plädieren. Ich sage es in jedem einzelnen meiner Interviews: Gerade weil ich damals versagte, fühle ich mich noch heute für Auschwitz ganz persönlich verantwortlich. ... Ich habe etwas geahnt, ja. Und wenn ich gewollt hätte, dann hätte ich es wissen können. Doch gewußt habe ich es nicht.

BAUER *freundlich*
Ich hab's gewußt. Und ich war bei Kriegsende fünfzehn Jahre alt. Mein Vater war an der Ostfront. Die dort gedient haben, wußten es alle.

Speer Ich habe nicht an der Ostfront gedient!

Bauer *ironisch*

Nein, das haben Sie nicht.

Speer Das befreit mich natürlich nicht von der Schuld. Man kann auch durch Wegsehen schuldig werden.

Bauer Würde die Definition von Wegsehen nicht lauten, daß man weiß, daß da etwas ist, wovon man besser wegsehen sollte? Falls man an seinem Ministersessel hängt zum Beispiel? ... Weghören kann man natürlich auch. Wie damals 1943 in Posen, bei der Himmler-Rede.

Speer Zum tausendsten Mal: Von dieser Rede habe ich erst nach Kriegsende erfahren! Ich bin zwar bei jener Tagung in Posen dabeigewesen, doch bei Himmlers Rede war ich bereits wieder auf der Rückfahrt.

Bauer Wie Sie wissen, ist die Tonbandaufnahme erhalten. Zuerst informiert Himmler die deutschen Gauleiter ganz offiziell über die Ausrottung der Juden und wie man sich schweren Herzens entschlossen habe, auch deren Kinder mit umzubringen, damit die sich dann später nicht an den Kindern der Deutschen rächen konnten. Und dann wendet er sich direkt an Sie, spricht Sie mit Namen an:

im Tonfall Himmlers

»Natürlich hat das mit Parteigenosse Speer gar nichts zu tun, Sie können gar nichts dazu ...«

Speer Bekanntlich ist Himmler extrem kurzsichtig gewesen. Er konnte vom Rednerpult aus nicht erkennen, ob ich noch unter den Zuhörern saß.

Bauer *geduldig*

Herr Speer.

Speer Es gibt zwei Zeugen, die das eidesstattlich bestätigen!

Bauer Freundschaftsdienste. Wir haben das nachgeprüft.*

Von draußen das Gebell eines Hunderudels, das näherkommt und sich wieder entfernt.
Als es wieder still ist, geht Speer mit der Gestik eines gebrochenen Mannes zum »Triumphbogen«, setzt sich müde auf den Schemel.

* Gitta Sereny, Albert Speer, München 1995, S. 465

Speer *leise*

Das geht jetzt wohl bis an mein Lebensende so weiter, nicht wahr? ... Die Juden, die Juden ... Nach den andern fragt ihr mich nie ... Sie haben es vorhin erwähnt: Fünfundfünfzig Millionen Opfer hat dieser Krieg gekostet. Von den ausländischen Sklavenarbeitern unterstanden vierzehn Millionen direkt meinem Ministerium ... Doch es sind immer die sechs Millionen Juden, über die ihr von mir Auskunft fordert. Manchmal frage ich mich, ob das nicht auch eine Form von Rassismus ist? ... Ich bin kein politischer Mensch, Herr Bauer. Bin es nie gewesen. Das habe ich Adolf Hitler kurz vor Kriegsende eigens noch einmal in einer Denkschrift dargelegt: »Die Aufgabe, die ich zu erfüllen habe, ist eine unpolitische«, habe ich geschrieben. »Ich habe mich solange in meiner Arbeit wohlgefühlt, als meine Person und auch meine Arbeit nur nach der fachlichen Leistung gewertet wurden.«

Bauer Ein Historiker könnte sagen, daß Sie da bereits wußten, daß der Krieg nicht mehr zu gewinnen ist und sich ein moralisches Alibi verschaffen wollten ... Und bei Ihrem mit soviel Stolz beschriebenen Einsatz für die Rettung der deutschen Industrieanlagen ... die Hitler mit seinem Befehl der »verbrannten Erde« ja im letzten Augenblick noch vernichten wollte ... da war es dann noch einmal das gleiche, könnte dieser Historiker sagen: Das ist nicht im Interesse des deutschen Volkes geschehen, – es waren die anrückenden Siegermächte, die Sie mit dieser Heldentat zu betören suchten. Sie rechneten damit, von denen sofort wieder einen fetten Posten zu kriegen – die erhaltenen Fabriken waren sozusagen als Mitgift gedacht ... Und warum auch nicht? Bei Ihrem Schützling Wernher von Braun hat der Übergang ja auch funktioniert. Sogar ein paar Folterknechte der Gestapo sind dann später untergekommen: Gekonnt ist gekonnt.

Speer Das ist doch Demagogie.

Bauer Das sind historische Fakten.

Von draußen sind mehrere Schüsse zu hören

Speer Was war das?

BAUER Schüsse.

SPEER *ungeduldig*
Ja! Aber auf wen?

BAUER Falls Sie Wert auf Namen legen: Morgen früh um acht habe ich das Protokoll auf dem Tisch.

Eine Pause.

SPEER *fast mitleidig*
Herr Bauer, ich will Ihnen etwas sagen. Auch wenn Sie's vermutlich gar nicht begreifen können ... Sie sind in der Politik, ich bin Manager: Der geborene Täter also sozusagen, denn Täter kommt ja von Tat! ... Und damit handeln wir beide nach einer total unterschiedlichen Ethik ... Ein Politiker folgt der Gesinnungsethik. Für ihn lautet die Frage: Was ist richtig? ... Für den Manager ist es aber die Ergebnisethik, die zählt. Seine Frage heißt: Was ist machbar? ... Und was machbar ist, wird auch gemacht ... Ob dieses Machbare das Richtige ist, haben andere zu entscheiden ... Und darum ist es so unendlich gefährlich, wenn einer wie ich in die Hände der falschen Politik gerät: Weil er sich bestimmte Fragen erst gar nicht stellt!
er steht auf, bleibt jedoch in der Nähe des Schemels
Wenn ich zwanzig Jahre später auf die Welt gekommen wäre, wäre ich heute ein hochangesehener Mann: Leiter von Daimler-Benz vielleicht, Vorstandsvorsitzender der Farbwerke Hoechst, Sprecher der Deutschen Bank ... Denn einer mit meinen Talenten wird immer und überall gebraucht.

BAUER Die Regierung der Deutschen Demokratischen Republik hätte einen wie Sie nötig!

SPEER *in Gedanken bei seiner Verteidigung*
... Ich war kein Himmler, kein Goebbels und kein Göring. Ich habe für meine Karriere keine Nationalsozialisten gebraucht. Die brauchten mich! Und zwar allein im technischen Sinn!
In Heidelberg habe ich mich kürzlich mit einer jungen Taxifahrerin unterhalten, die mich natürlich zunächst wieder einmal nach gewohnter Manier ins Kreuzver-

hör nehmen wollte. Aber diesmal habe ich mich gewehrt ...

zu dem Schemel sprechend, als säße da nun jene Fahrerin

»Wenn bei Ihnen ein Fahrgast einsteigt«, sage ich der jungen Frau, »was tut er da?«

Darauf sie: »Er nimmt Platz und nennt mir die Adresse zu der ich ihn fahren soll.«

»Und?«

»Was und?«

»Fragen Sie ihn, was er dort will?«

»Das geht mich doch nichts an, oder?«

»Nun, vielleicht hat er vor, an jener Adresse einen Einbruch zu begehen? Vielleicht möchte er eine Frau vergewaltigen? Vielleicht plant er einen Mord? Da wären Sie doch dann mitschuldig?«

»Ich?«, lacht sie, »wieso ich?«

»Weil Sie ihn nicht nach seiner Absicht gefragt haben!«

»Das ist ja auch nicht mein Job. Ich hatte diesen Herrn von A nach B zu fahren, das war alles!«

»Sehen Sie«, sage ich, »und genauso ist es damals bei mir gewesen!«

über seine Modellstadt weisend

Mein erster Auftrag lautete, die Hauptstadt des Reiches zu planen und den habe ich zu hundert Prozent erledigt ...

Mein zweiter Auftrag befahl mir, die abgetakelte Kriegsmaschinerie meines Landes so zu organisieren, daß ein Sieg der deutschen Armee wieder in den Bereich des Möglichen rückte. Und diesen Auftrag suchte ich unter Einsatz aller meiner Kräfte so lange und so gut zu erfüllen, wie es mir irgend möglich war.

Ich habe Adolf Hitler die Waffen geliefert, das ist richtig. Was er mit diesen Waffen tat ... ob er sie zum Drohen, Schießen, Bombardieren verwenden würde oder ob er sie irgendwo verrotten ließ, das gehörte nicht in mein Ressort. ... *Ich* habe diesen Krieg nicht angefangen, Herr Bauer. Als der anfing, brütete ich in diesem Raum als Architekt über diesem Modell. Daß ich als Deutscher den Sieg des deutschen Heeres wünschte, kann mir wohl niemand verübeln. Und selbstverständlich habe ich diesen Wunsch als Rüstungsminister nicht abgelegt!

BAUER In dem Fall haben Sie dann aber einen katastrophalen Bock geschossen.

SPEER *noch etwas abwesend*
Einen »Bock geschossen«?

BAUER Falls Sie als Minister für Rüstung und Munition tatsächlich den Sieg des deutschen Heeres im Auge hatten, ist Ihnen eine unglaubliche Fehlleistung unterlaufen.

SPEER Ich fürchte, daß ich Ihnen nicht folgen kann.

BAUER Die Kernenergie. Sie haben den Einstieg in die Kernenergie verschlafen, Herr Speer! Werner Heisenberg, Otto Hahn ... die créme de la créme der Atomwissenschaftler experimentierte direkt vor Ihrer Nase. Und Sie haben es nicht einmal gemerkt! Falls Sie die deutsche Armee mit der Atombombe ausgerüstet hätten, hätte sie diesen Krieg selbstverständlich gewonnen.

SPEER *mit steigender Empörung*
Aber das ist doch nicht mein Versagen gewesen! Das war doch das von Hitler! Seit Albert Einstein war für ihn alles, was mit Atomenergie in Zusammenhang stand, »jüdische Physik« und somit unwürdig, das Interesse des deutschen Führers zu wecken. In der Beziehung war er absolut unansprechbar. Wenn ihm irgendein Möchtegern-Wissenschaftler schrieb, er habe die Relativitätstheorie widerlegt, erhielt der von ihm einen persönlichen Dankesbrief!
... Wie oft haben wir uns über neue Waffen unterhalten, sogar schon ganz am Anfang, in diesem Raum. Da ging es noch um Fernraketen. Wieder und wieder habe ich versucht, ihn für Wernher von Braun zu begeistern, der als blutjunger Mann da oben in Peenemünde ja bereits seine ersten Experimente machte. Das Ergebnis? Er hat mir *verboten*, an der Peenemünder Anlage weiterzubauen! Ich habe es trotzdem getan, und zwar heimlich. Und darauf bin ich noch heute stolz. Denn nur meiner damaligen Weitsicht – ich war noch sein Architekt! – ist es zu danken, daß er dann am Ende des Krieges wenigstens noch diese fünftausend mickrigen

V2-Raketen in Richtung England abfeuern konnte. Und da ist es dann natürlich *seine* Wunderwaffe gewesen!

... Nein, *ich* habe mir da nichts vorzuwerfen! Hitler war der, der geschlafen hat! Die Atombombe, die Atomrakete, das atomar getriebene U-Boot – hätte er rechtzeitig geschaltet, hätte uns das alles zur Verfügung gestanden! Daß der Besitz der Atombombe den Sieg bedeuten würde, ist *mir* von Anfang an klar gewesen! Und das kann ich sogar beweisen: Kaum zum Rüstungsminister ernannt, habe ich auch schon mit Hahn und Heisenberg zusammengesessen und sie nach der Bombe gefragt. Sie beklagten sich über den Mangel an Geld, an wissenschaftlichen Mitarbeitern, die alle zum Wehrdienst eingezogen seien. Das muß man sich einmal vorstellen: Unsere Physiker, die Hoffnung unseres Landes, dienten an der Front! ... Noch am gleichen Tag gab ich Order, sie wieder freizustellen. Und an Heisenberg habe ich eine dermaßen hohe Geldsumme überwiesen, daß er mir einen Teil zurückgeschickt hat. Einige Monate später teilte er mir dann aber mit, daß es zu spät sei. Für eine einsatzbereite Atombombe würde sein Team vier Jahre brauchen. Und bis dahin, das wußte ich, wäre der Krieg längst entschieden.

er erkennt an Bauers Gesichtsausdruck, daß er in eine monumentale Falle gelaufen ist

... Mein Gott, bin ich ein Idiot!

Ich sehe schon die Schlagzeilen:

ALBERT SPEER WOLLTE DEN ZWEITEN WELTKRIEG MIT KERNWAFFEN FÜHREN.

BAUER Da wüßte ich, wenn schon, eine bessere:

ADOLF HITLERS ANTISEMITISMUS HAT DIE WELT VOR DEM ATOMTOD GERETTET.

SPEER Jedenfalls ist die Geschichtsstunde hiermit beendet.

BAUER Aber Herr Speer, Sie haben mir doch kein Geständnis gemacht. Was Sie mir da erzählt haben, steht doch so fast wörtlich in Ihren Büchern. Sie hatten auch in diesem Fall vor, Ihren Boß von A nach B zu fahren. Was wäre daran verwerflich?

da Speer unterdessen mit dem Wegräumen des improvisierten GERMANIA*-Modells begonnen hat*
Aber was machen Sie denn da?

SPEER Spuren beseitigen. Sonst schleusen eure Geschichtslehrer vielleicht schon morgen die ersten Schulklassen hier vorbei.

BAUER Herr Speer …
er hat unwillkürlich begonnen, sich an den Aufräumarbeiten zu beteiligen

SPEER Und dann möchte ich Sie um die Freundlichkeit bitten, mich in mein Hotel zu fahren. Ich würde da draußen ungern euren Mauerschützen vor die Flinte laufen.

BAUER Es tut mir so leid.

SPEER Lassen Sie nur. Diese Art Kummer bin ich nun wirklich gewöhnt.

BAUER Da kommen Sie mit mir hierher, opfern mir Ihre Zeit und ich revanchiere mich mit billigen Attacken!

SPEER Wenn die Rollen umgekehrt wären, hätte ich das wohl ebenfalls getan.

BAUER Und vom eigentlichen Anlaß haben wir noch kein Wort gesprochen.

SPEER *hält mit der Arbeit inne*
Vom »eigentlichen« Anlaß?

BAUER Ich hatte mehrmals versucht, das Thema anzuschneiden. Was natürlich nicht heißt, daß ich diese Geschichtsstunde, wie Sie sie nannten, nicht ungeheuer genossen hätte. Ich kann mir nicht vorstellen, daß ich in der Beziehung je wieder etwas so Aufregendes erleben werde. Und darum möchte ich mich bei Ihnen von ganzem Herzen bedanken! … Aber haben Sie es nicht ein wenig verwunderlich gefunden, daß Erich Honekker so offensichtlich daran interessiert war, dieses Treffen unter vier Augen in die Wege zu leiten?

SPEER Was wollen Sie damit sagen?

BAUER Daß das ganze Drum und Dran Ihres Besuches in unserem Land, unsere Einladung zu diesem Vortrag, der anschließende Empfang, bei dem die gesamte politische Spitze zugegen war, unser gemeinsamer Abstecher zu dieser historischen Örtlichkeit – daß das alles kein Zufall war. Dahinter steckte ein Plan.

SPEER Ein Plan?

BAUER *ist zum Tisch, hebt die Champagnerflasche*
Wollen wir die nicht leeren?

SPEER Für mich nicht, danke.

BAUER *nimmt das Zigarrenkistchen*
Zigarre?
Speer wehrt ungeduldig ab
Aber ich werde mir eine genehmigen ...
er zündet sich eine Zigarre an, raucht genüßlich den ersten Zug
Viva Fidel! ... Wirklich nicht?

SPEER *ungeduldig*
Welcher Plan?

BAUER Welcher Plan, ja ... Da muß ich leider erst ein wenig ausholen ... Sie wissen, in welchem Zustand unsere Finanzen sind. »Rote Zahlen«, sagten Sie höflich. Doch was Sie wirklich meinten, war wohl bankrott? Dabei wäre sogar das noch ein Understatement. Denn wir sind mehr als bankrott, wir sind ruiniert. Und nirgends ein Schimmer von Hoffnung. Wer könnte uns helfen? Die Sowjetunion? Der geht es ungefähr genauso drekkig. Polen, Ungarn, Rumänien, die ČSSR? Unsere Handelspartner im Westen? Haben Sie eine Ahnung, wie hoch dort unsere Schulden sind?

SPEER 15 Milliarden.

BAUER Das war vor zwei Jahren, in der guten alten Zeit sozusagen. Inzwischen sind wir bei 23,5 Milliarden Valutamark! Und unser Defizit in der Warenbilanz gegenüber der Sowjetunion liegt bei 2,5 Milliarden Transferrubel!

SPEER Waren euch die Rechenstifte ausgegangen?

BAUER Das sicherlich auch. Aber am Anfang hat hier tatsächlich unser vielbesungenes Proletariat gestanden. Durch euer Fernsehen bestens über den Lebensstandard seiner westdeutschen Kollegen unterrichtet, hat es mit seiner Regierung mehr und mehr die Geduld verloren. Sie erinnern sich an die sogenannte Kaffee-Krise im Sommer 77? Um die Situation zu beruhigen hat Honecker ein gigantisches sozialpolitisches Programm gestartet, das allein in diesem einen Jahr 44 Milliarden Mark an staatlichen Subventionen verschlungen hat.

Das wäre vielleicht trotzdem noch irgendwie gut gegangen, wenn nicht die Folgen der weltweiten Rohstoffkrise dazugekommen wären: Um die Märkte zu schützen, hat sich der Westen gegenüber Ostimporten total abgeschottet, während wir weiterhin auf Einfuhren aus dem Westen angewiesen waren ...

SPEER *unterbricht ihn ungeduldig*

Herr Bauer, das alles klingt faszinierend. Doch ehe wir weitersprechen, muß ich Ihnen etwas ganz deutlich sagen. Ich habe bei uns drüben tatsächlich noch einiges an Einfluß. Doch wenn Sie meinen, ich könnte nun am kommenden Montag einfach so zur Deutschen Bank und beispielsweise meinen alten Mitstreiter Hermann Josef Abs um ein paar weitere Milliarden für euch bitten ...

BAUER Lassen Sie mich erst fertigsprechen?

SPEER Ich wollte das nur klarstellen.

BAUER ... So hatten wir vor circa sechs Wochen wieder einmal eine unserer nun fast schon permanenten Krisensitzungen. Wir – das heißt in diesem Fall ein gutes Dutzend Experten aus allen wichtigen Bereichen, von denen jeder einzelne nichts als Hiobsbotschaften vorzutragen hatte. Danach war es eine lange Zeit still.

»Eigentlich müßten wir das Land zumachen«, hat Honecker schließlich mit seinem berühmten Galgenhumor gesagt.

»Die Werktätigen an den meistbietenden Westkonzern verkaufen«, meinte Mielke.

»Ach was, so schnell geht ein Land nicht vor die Hunde«, sagte irgendein Optimist. »Denkt an Hitler nach Stalingrad. Damals haben wir in unseren Zellen schon die Friedensglocken läuten hören. Und dann hat der Kerl noch drei volle Jahre durchgehalten!«

»Hitler hatte einen Speer«, sagte Honecker.

Darauf ich: »Also den könnten wir ebenfalls haben!«

Alle haben mich angeschaut. Und dann haben sie erst einmal herzlich gelacht, weil sie dachten, ich hätte das als Witz gemeint.

Aber ein paar Minuten später war's dann Honecker selbst, der auf die Sache zurückkam. Da ihm mein

Faible für Persönlichkeiten Ihrer Statur bestens bekannt ist, begann er mich allerlei Details zu fragen: Wo Sie leben, was Sie im Augenblick machen, was Sie damit verdienen …

Natürlich haben die meisten die Sache nach wie vor absurd gefunden. Doch bei den übrigen hat die Idee sich immer mehr festgesetzt: Albert Speer, das organisatorische Genie des Dritten Reiches, als Sanierer der DDR? Gewagt ja. Aber unmöglich?

Wenn wir Sie unter irgendeinem Vorwand dazu bringen konnten, uns hier einen Besuch abzustatten? Sie bei einem Empfang zwanglos kennenzulernen? Sie – für den Fall, daß die Idee dann nicht wie eine Seifenblase zerplatzen sollte – an einen Ort zu locken, wo sich ein solches Anliegen in Ruhe besprechen ließe?

SPEER *lacht*
Mein lieber Bauer, Sie möchten dem alten Speer einen Bären aufbinden!

BAUER *zieht an seiner Zigarre*
Mache ich diesen Eindruck?

SPEER *lachend*
Ehrlich gesagt, ja. Die Sache *kann* nur ein Witz sein.

BAUER Sie selbst haben mir vorhin anvertraut, daß Sie noch immer jede Menge Angebote erhalten. Denken Sie nur an den Scheich!

SPEER Das sind Araber!

BAUER Wollen Sie sagen, daß Ihnen nur Antisemiten Anträge machen?

SPEER Natürlich nicht! … Herr Bauer, die Regierung, für die ich tätig gewesen bin, hat versucht, euch »Bolschewiken« auszurotten. Sie wollen mir doch nicht weismachen, daß alle diese Herren – von denen wir bereits sagten, sie hätten jeden Grund, mich zu hassen – ausgerechnet von Speer saniert werden möchten?

BAUER Falls diese Herren Sie tatsächlich hassen würden, wären sie dann heute abend bei einem zu Ihren Ehren angesetzten Empfang erschienen?

SPEER Neugier.

BAUER Hoffnung! … Sie kennen das Sprichwort vom Teufel, der in der Not auch Fliegen frißt?

SPEER *lacht*
Fliegen! ... Ich bin der Nachfolger Adolf Hitlers gewesen! Wenn das nicht in seinem politischen Testament stand, so darum, weil ich in allerletzter Minute noch einmal zu ihm in den Bunker ging und ihn praktisch auf Knien gebeten habe, mich darin nicht zu erwähnen.

BAUER Wissen wir doch.
für einen Augenblick wieder ganz der Geschichtsbegeisterte
Armer Dönitz! Denn der hatte das dann ja auszubaden, oder?
besinnt sich auf seine Mission
Herr Speer, wir schreiben das Jahr 1980. Sie wurden in Nürnberg rechtskräftig verurteilt und haben diese Strafe in tadelloser Haltung abgesessen. Vergessen Sie doch bitte die vielleicht etwas zu brutalen Fragen, die ich Ihnen vorhin gestellt habe. Das ist bei mir eine Art déformation professionelle: Wenn meine Kollegen bei den Verhören nicht mehr weiterwissen, kommen sie immer zu mir ... Doch gerade als ein Mann von einem gewissen geschichtlichen Überblick möchte ich Ihnen Folgendes sagen: Ich glaube, Sie unterschätzen das Ansehen, das Sie sich seit Ihrer Entlassung aus Spandau zurückerobert haben. Ihre Bücher, Ihre Fernsehauftritte, Ihre Hunderte von Interviews, das alles hat Ihnen doch unzählige Sympathien gebracht. Und dies nicht nur im Westen: Die gute Frau Hellriegl ist bei uns nicht die einzige, die eine Schwäche für Sie hat.
Und dann sollten Sie auch an Ihre eigenen Erfahrungen denken. Denn wir stehen ja mit der Bewunderung für Ihre Effizienz wahrhaftig nicht allein da. Sie selbst zitieren General Anderson, der nach dem Krieg gesagt hat: »Wenn ich Speers Erfolge vorher gekannt hätte, würde ich die gesamte Achte amerikanische Luftflotte ausgesandt haben, um ihn unter die Erde zu bringen!«

SPEER *noch in der Erinnerung beglückt*
Das merkwürdigste und schmeichelhafteste Kompliment meiner Karriere.

Bauer Dann die Verschwörer des 20. Juli! Wen hatten die für den Posten des Rüstungsministers auf ihrer Wunschliste stehen? Albert Speer! Ich frage Sie: Wenn eine so geachtete und integre Figur wie Graf Stauffenberg glaubte, sich in seiner künftigen Regierung einen Speer leisten zu können, warum nicht Erich Honecker?

Eine Pause.

Speer Wenn das so ist, sollte er mir's selber sagen!

Bauer Herr Speer, ich handle bei dieser Unterredung selbstverständlich nicht auf eigene Faust. Es ist der ausdrückliche Wunsch unseres Staatsratsvorsitzenden, daß ich Ihnen hier und heute ein ganz konkretes Angebot für eine Beratertätigkeit unterbreite.

Eine Pause.

Speer *sich zwischen Glauben und Unglauben in den Sarkasmus flüchtend*
Eine heimliche.
als Bauer nicht zu verstehen scheint
Sie sprechen von einer heimlichen Beratertätigkeit?

Bauer Was gäbe es dabei zu verheimlichen?

Speer Den Namen Speer zum Beispiel.

Bauer Das hätten Sie zu entscheiden. Von unserer Seite ist das Angebot ganz und gar offiziell gemeint.

Speer *lacht*
Das können Sie sich nicht leisten!

Bauer Im Gegenteil! Sobald sich herumspricht, daß Albert Speer die Organisation unserer Wirtschaft in die Hände nimmt, geht es mit der sofort aufwärts. Kredite, die uns heute versagt bleiben, werden automatisch zu fliessen beginnen. Davon sind wir fest überzeugt.

Speer Sie unterschätzen den Skandal.

Bauer An Skandale sind wir hier gewöhnt.

Eine Pause.

SPEER *bereits überzeugter*
Die Idee ist grotesk.

BAUER Einverstanden. Sie ist aber zugleich unsere allerletzte Hoffnung.

Eine Pause.

SPEER Ich bin nicht mehr der junge Mann von damals!

BAUER *ironisch*
Das könnte auch ein Vorteil sein.

Eine Pause.

SPEER Außerdem bin ich Minister für Rüstung und Munition gewesen, – nicht für Wirtschaft und Finanzen!

BAUER Für uns sind Sie in erster Linie ein knallharter Macher. Und der kann ruhig die Fronten wechseln, er bewährt sich überall. Eine Meinung übrigens, die Sie noch vor ein paar Minuten selbst vertreten haben.

Eine Pause.

SPEER Zwanzig Jahre Spandau sind gleichbedeutend mit einem zwanzigjährigen Defizit an praktischer Lebenserfahrung.

BAUER Aber Herr Speer, ich kenne doch Ihre Bücher. Nicht nur ich: Die ganze SED-Spitze hat da inzwischen ihre Hausaufgaben gemacht. Und in einem Punkt sind wir uns alle einig: Wenn einer auf der Höhe der Zeit ist, so sind das Sie! Wer fände wie Sie die Worte, den jungen Menschen von heute die Welt von damals zu erklären? … Und außerdem … ich will Ihnen da nicht zu nahe treten … aber für mich spricht aus Ihren Büchern ein tiefes Bedürfnis nach einem … Heilmachen. Einem Heilmachen dessen, was damals auf unserer Welt zerbrochen ist. Nach einer allerletzten Chance, sich von Ihrer eigentlichen Seite zu zeigen: der des aus Spandau zurückgekehrten Humanisten.

Eine Pause.

SPEER Mit anderen Worten: Die Regierung der Deutschen Demokratischen Republik bietet dem Verbrecher Albert Speer die einmalige Chance einer Rehabilitierung?

BAUER Das ist ein wenig drastisch ausgedrückt, aber ganz abwegig ist es nicht. Denn falls unser Unternehmen gelingen sollte, würden Ihre Zeitgenossen Sie tatsächlich mit anderen Augen sehen. Die Menschen wünschen sich Helden! Von der andern Sorte treffen sie in ihrem Alltag genug.

SPEER Vor allem in einem Staat, der ihrer totalen Überwachung huldigt.

BAUER Der Sozialismus hat seine Nachteile. Wer könnte und wollte das bestreiten? Doch vom Standpunkt Ihrer sogenannten »Gesinnungsethik« ist an ihm wenig auszusetzen. Die Gleichheit aller Menschen: Gibt es ein höheres Ideal als dieses? Sie säßen für einmal im richtigen Vehikel, würden für einmal den richtigen Fahrgast befördern ...
Herr Speer: Warum verschwenden Sie Ihr Genie nicht ausnahmsweise an eine *gerechte* Sache und fahren *uns* von A nach B?

Eine Pause. Draußen sind wieder Schüsse zu hören.

BAUER *in die Stille hinein, seufzend*
Scheint wieder eine dieser Nächte zu werden ...

Eine Pause.

SPEER Spielen wir allein die praktische Seite durch. Wie wäre zum Beispiel die Frage der Residenz zu lösen?

BAUER Da fügen wir uns ganz Ihren Wünschen. Natürlich sähen wir Sie am liebsten permanent bei uns leben. Doch das wäre wohl gar zu unbescheiden. Und Nachdenken läßt sich's schließlich überall. Sie hätten in der DDR ein ständiges Büro ...

SPEER *mit einer ironischen Geste über den Raum weisend*
Am besten gleich wieder hier ...

BAUER ... und ein komfortables Zuhause. Und selbstverständlich wäre mit dem Posten auch eine entsprechende Honorierung verbunden. Wir dachten da etwa in der Größenordnung der Bezüge des Vorstandvorsitzenden eines westdeutschen Großkonzerns. Falls dies in Ihrem Sinne sein sollte?

SPEER Das würde ich richtig finden ...
nach einer Pause
Na schön. Meine Befugnisse. Wenn ich Ihre Wirtschaft sanieren soll ...
lacht
Sie sehen, ich muß lachen!

BAUER Der V-Effekt, hätte da unser Bert Brecht gesagt. Der Gedanke ist Ihnen einfach noch zu fremd. Auch wir haben ja zunächst einmal lachen müssen.

SPEER Also. Um euer Land ... ich will sagen, eure Wirtschaft auf Vordermann zu bringen ...

BAUER Was kaum voneinander zu trennen ist ...

SPEER ... müßte man natürlich entsprechende Vollmachten erhalten.

BAUER Das ist klar.

SPEER Ein Team selbstgewählter Mitarbeiter, die auch aus dem Westen sein könnten. Top-Leute, möglichst jung, mit der Fähigkeit in Szenarien zu denken. Wobei das Parteibuch keine Rolle zu spielen hat ...
als von Bauer kein Einwand kommt
Was man hier bräuchte, sind Männer mit Visionen! Ergebnisorientierte Macher, verstehen Sie?

BAUER Wer dürfte einem Chirurgen vorschreiben, welches Skalpell er zu benutzen hat?

SPEER Das Skalpell. Daran könnte die Sache von Anfang an scheitern.

BAUER Da kann ich Ihnen jetzt leider nicht ganz folgen.

SPEER Wieviele Arbeitslose habt ihr zur Zeit?

BAUER Gar keine selbstverständlich.

SPEER *lacht*
Das habe ich befürchtet!

BAUER Arbeitsplatzgarantie ist ein Bestandteil des sozialistischen Systems.

SPEER Und bei dem müßte man ansetzen.

Bauer Mit Entlassungen?

Speer Die beste Kursdroge weit und breit. Jobkilling bringt automatisch neue Hoffnung in den Markt und beflügelt die Börse.

Bauer Wir haben keine.

Speer Noch nicht.

Bauer *zieht an seiner Zigarre*
Ich höre.

Speer *während er auf und ab geht*
Grundvoraussetzung für jeden Produktivitätsschub ist die schlanke Organisation. Das, was sie heute in der Wirtschaft als neue Zauberformel feiern, habe ich bereits vor vierzig Jahren angewendet. Denn das war ja auch damals schon mein Rezept: Verdoppelung der Erzeugung bei gleichbleibender Einrichtung und gleichbleibenden Arbeitskosten.

Bauer Sie hatten vierzehn Millionen gratis tätige Zwangs-, Fremd-, Gastarbeiter zur Verfügung.

Speer Diese traurige Tatsache ändert nichts am Prinzip. Nur die Motivation zur Leistung war in jenen schrecklichen Zeiten eine andere: Der sogenannte Sklavenarbeiter hatte mit seiner Effizienz das nackte Leben zu retten, denn direkt hinter ihm wartete ja die SS. Den Arbeitnehmer von heute kann man Gottseidank auf diese Weise nicht mehr motivieren: Was immer geschieht, er wird auch ohne individuelle Leistung am Leben bleiben.
bleibt stehen
... Wie aber motiviert man ihn dann?
Ganz einfach: Indem man den Besitz eines Arbeitsplatzes zum Privileg macht.
... Und wie schafft man das?
Indem es stets eine gewisse Anzahl von Personen gibt, die draußen vor dem Fabriktor auf seinen Posten lauern.
geht wieder auf und ab
Wie soll ein Arbeitnehmer Leistung bringen, wenn er sich nicht davor fürchten muß, seinen Job an einen Besseren zu verlieren? So zynisch es klingen mag: Ein gewisses Prozent Arbeitslose ist das sine qua non der flo-

rierenden Wirtschaft. Erst wenn dieses zu hoch wird, geht es dem Unternehmer an den Kragen. Denn dann kriegt ja die Linke ihr Wasser auf die Mühle!

BAUER Ich bin natürlich kein Wirtschaftsexperte. Aber hier sähe ich dann schon ein Problem: Sozialismus mit Arbeitslosen wäre wohl ein Widerspruch in sich selbst?

SPEER Sie sehen das zu dramatisch. Sobald der Arbeitnehmer erkennt, daß er damit zu mehr Geld kommt, ist er zu etlichen Kompromissen bereit. Es hat sich herausgestellt, daß es dem Mittellosen besser geht, wenn er den Wohlhabenden soviel Gewinn machen läßt wie er kann.

BAUER Die Revolution des Proletariats hat aber stattgefunden, um den Arbeiter ein für allemal von der Willkür des Eigentümers der Produktionsmittel zu befreien.

SPEER *bleibt vor ihm stehen*
Hat sie etwas genützt?

BAUER Vor allem euch im Westen, würde ich sagen. Ist nicht alles Humane an euren Gesetzen letztlich der Angst vor der »roten Gefahr« zu danken? Falls es uns Kommunisten eines Tages nicht mehr gäbe, würdet ihr eure Arbeiter auslaugen wie eh und je.

SPEER Und falls ihr euren Arbeitern weiterhin diesen Schlendrian gestattet, wird es euch demnächst ohnehin nicht mehr geben. Warum führen wir denn dieses Gespräch?

Eine Pause.

BAUER Ich glaube, daß wir uns zunächst einmal auf das Grundsätzliche beschränken sollten.

SPEER Und das wäre nach Ihrer Meinung?

BAUER Daß wir hier ein marxistisches System vertreten. Mit anderen Worten: Sie können alles verändern, solange es nicht an unser politisches Credo rührt. Das Recht auf Arbeit, Obdach, Nahrung und Erziehung ist die moralische Grundlage jedes sozialistisch regierten Landes.

Eine Pause.

Speer Und damit ist die Sache wohl schon gelaufen. Denn wie sollte sich auf dieser Basis eine Steigerung des Sozialprodukts erreichen lassen? Job, Dach und Kost sind garantiert und die Ausbildung der Kinder ist umso exquisiter, je niederer der Status der Eltern ist. Warum zum Teufel soll sich da überhaupt noch einer anstrengen wollen?

Bauer Es gibt für jedes Problem eine Lösung. Das haben Sie selbst gesagt.

Speer Ich bin kein Magier.

Bauer Sie sind Speer!

Speer … Herr Bauer, die Wirtschaft ist heute vernetzt wie nie zuvor. Ohne globales, ganzheitliches Denken kommen wir hier nicht durch!

Bauer Danke.

Speer Wofür?

Bauer Sie haben *wir* gesagt.

Speer Das war reine Rhetorik.
nach einer Pause
Was Sie hier von mir verlangen ist die Quadratur des Kreises!

Bauer Für alles andere hätten wir nicht einen wie Sie gebraucht. Eine kapitalistische Firma kann jeder Idiot zum Florieren bringen: Es genügt, daß er die Interessen des Aktionärs über die des Arbeiters stellt. Was wir von Ihnen erhoffen ist der Beweis, daß Sozialismus und wirtschaftliche Blüte gleichzeitig zu haben sind. Ich bin, wie gesagt, auf diesem Gebiet kein Fachmann. Doch nach meiner bescheidenen Meinung würde die Lösung dieses Problems die Rettung der Welt bedeuten. Und wäre das nicht eine Aufgabe, die einen Albert Speer reizen könnte?

Eine Pause.

Speer *in einem Ton, der verrät, wie sehr ihn die Lust auf diese neue Karriere bereits in den Fängen hat*
Schön. Vertagen wir das einstweilen.

Bauer Vertagt.

SPEER Die humane Seite. Und sollten Sie wollen, daß ich für Sie arbeite, wäre das für mich der ausschlaggebende Punkt: Nach all meiner Erfahrung werden Sie wohl nicht annehmen, daß ich mich noch einmal für eine Regierung hergeben würde, die auf wehrlose Menschen schießen läßt?

BAUER Das hatten wir keineswegs angenommen. Und können darum nur hoffen, daß Ihnen auch zu dieser Problematik etwas einfällt.

SPEER Hier liegt die Lösung wohl auf der Hand?

BAUER Nieder mit der Mauer!

SPEER Was sonst? Soll ich bei Ihnen den Gefängniswärter spielen?

BAUER Wir hatten eine Zeit ohne Mauer. Sie wissen, weshalb wir sie errichten mußten.

SPEER Und Sie wissen, was sie Ihnen gebracht hat.

BAUER Immerhin laufen uns jetzt die mit gigantischen Subventionen ausgebildeten jungen Leute nicht mehr weg. Manchmal werfen wir einen hinaus, wie diesen Sängerfritzen. Aber davonlaufen tut uns keiner. Wir sprechen hier von Realpolitik, Herr Speer. Und das ist bekanntlich die Politik, die man eigentlich gar nicht machen möchte … Weg mit der Mauer! Wie leicht ist das gesagt. Aber was würde passieren, wenn wir eines Tages wirklich zu dem Entschluß kämen, sie abzureissen? Mit dem Ansetzen des ersten Preßlufthammers wären die Panzer unserer sowjetischen Freunde da. Und schon einen Tag später stünde unser Land unter einer noch totaleren Kontrolle. Diese Regierungsmannschaft würde gegen eine neue ausgewechselt, die dann garantiert brutaler wäre als die, die Ihnen heute abend dieses Angebot unterbreitet. Das damit ja automatisch hinfällig wäre: Wie könnte Erich Honecker Sie als Berater engagieren, wenn er nicht mehr der Boß ist?

zieht an seiner Zigarre

Glauben Sie mir, Herr Speer. Trotz allem, was Sie im Westen hören und lesen: Die Leute, die hier im Augenblick das Sagen haben – und damit nehme ich mich nicht aus –, sind in Bezug auf die Menschenrechte die

bestmögliche Variante. Denn im Grunde ist Honecker ein guter Mensch. Ein wirklicher Kommunist. Was denken Sie, was hier los ist, wenn wieder einmal so ein Schwachkopf auf eine Mine getreten ist? Manchmal würfeln wir, um zu entscheiden, wer es ihm beizubringen hat!
... Minen, Mauer, Stacheldraht, Gefängnis für die Unzuverlässigen, psychiatrische Anstalten für die chronischen Nörgler, eine gewisse Zensur der Massenmedien, eine so diskret wie möglich gehandhabte Überwachung unserer Meinungsmacher ... Mein Gott, natürlich könnten wir uns etwas Schöneres denken! Aber wie sonst soll man ein Land in dieser ganz besonderen Situation zusammenhalten?

Eine Pause.

SPEER »Mit anderen Worten, Herr Speer: Kein Job ohne Planwirtschaft, kein Job ohne Mauer.«

BAUER So ist es. Leider.

Eine Pause.

SPEER *in einem neuen, komplizenhaften Tonfall und darum auch etwas leiser*
Herr Bauer, daß Sie sich unter den gegebenen Umständen den Massenexodus in den Westen nicht länger leisten konnten, sehe ich selbstverständlich ein. Was mich an dieser Wand da draußen stört, ist vor allem ihr Mangel an Eleganz. Der Verlust an Image, der damit verbunden ist.
Das Ansehen einer Firma ist ja heutzutage ein ganz konkreter ökonomischer Faktor. Und in diesem Sinn wäre auch ein Land als Firma zu betrachten. Ich bitte Sie: Was ihr jetzt an dieser Grenze anstellt, wirkt doch nach draußen wie das allerfinsterste Mittelalter! Die Bürger am Abhauen hindern, indem man ihnen Gewehre vor die Nase hält!
Da gibt es doch heute modernere Methoden!

BAUER Wie zum Beispiel?

Speer *lacht*

Wie zum Beispiel! ... Ich kann das jetzt natürlich nicht einfach so aus dem Ärmel schütteln. Es ist ja das allererste Mal, daß ich mich mit dieser Problematik überhaupt befasse ...

nach einer Pause

Ich spreche jetzt einmal ins Unreine ...

Nur für's Notizbuch sozusagen, ja? ...

Ich habe kürzlich in einer amerikanischen Architekturzeitschrift etwas gelesen, wo es um die Errichtung von Strafanstalten ging. Über die enormen Unkosten, die heutzutage mit einem solchen Bau verbunden sind und wie man das Problem aus einer ganz neuen Perspektive anzugehen hätte ...

Da mich die Sache damals noch nicht speziell interessiert hat, sind mir die Details natürlich entfallen. Aber im Prinzip geht es darum, dem Häftling eine Art Chip unter die Haut zu pflanzen ... Durch die vom Implantat ausgeschickten Signale ist er rund um die Uhr ohne große Kosten zu observieren ... Natürlich müßte man da zunächst einmal viel genauere Informationen haben. Zum Beispiel müßte man wissen, wie kompliziert der medizinische Eingriff ist und ob der bei einem Personenkreis von soundsoviel Millionen Einwohnern überhaupt vom Kostentechnischen her tragbar wäre ...

Wenn schon, dann sollte man das auch mit irgendeiner gesundheitspolitischen Maßnahme kombinieren. Impfstoffe, Hormone, Insulin – das alles ist ja meines Wissens heute bereits als Implantat administrierbar ... Man müßte sich da einmal mit Leuten aus der Pharmaindustrie zusammensetzen. Denn natürlich müßte die Sache vor allem vom Menschlichen her vertretbar bleiben ...

Das ist, wie gesagt, total ins Unreine gesprochen. Es ist sozusagen das erste, was mir zu diesem Problem einfällt. Vielleicht habe ich schon morgen einen sinnvolleren Vorschlag zu machen. Das ist einfach eine Frage des sich damit Befassens!

Bauer *beglückt*

Heißt das, Herr Speer, daß Sie im Prinzip nicht abgeneigt wären, über unser Angebot ...

SPEER *jovial*
... nachzudenken? Sie sehen ja, ich gebe Ihnen bereits Gratistips!
... Doch, ja, im Prinzip ist das schon ein Mandat, das eine Herausforderung darstellt.

BAUER Dann hätte ich also ein ... natürlich ganz vorläufiges ... Jawort?

SPEER Sagen Sie Ihren Leuten, daß man darüber nachdenken kann.

BAUER Erich Honecker meinte, daß ich Sie in diesem Fall einladen sollte, morgen mit ihm zu Mittag zu essen.

SPEER *zugleich überrascht und erfreut*
So bald?

BAUER Da Sie schon einmal hier sind? Und auch unser Land keine Zeit zu verlieren hat ... ?
Wir schicken Ihnen einen Wagen ...
streckt ihm die Hand hin
Dreizehn Uhr?

SPEER Dreizehn Uhr.

Sie schütteln sich die Hände, wie man einen Pakt besiegelt.
Es entsteht eine sehr lange, immer merkwürdigere Pause.
Bauer macht den Eindruck eines Schauspielers, dem sein Text entfallen ist: Er drückt umständlich seine Zigarre aus, macht sich auf alle mögliche Art zu schaffen.
Speer schaut ihm irritiert zu ...

Schließlich wendet Bauer den Blick zu einer auf halber Höhe liegenden Stelle an einer der Wände, die man, hinter dem Gerüst verborgen, für unverdächtig gehalten hatte.
Jetzt merkt man, daß es sich um eine verspiegelte Fläche handeln könnte.

BAUER Was ist? Ihr könnt abschalten, Kinder. Das war das Schlußwort!
man hört einen dumpfen Ton, wie wenn eine Lautsprecheranlage abgeschaltet wird und auch das Licht verändert sich
Na endlich!
er wendet sich dem entgeistert dastehenden Speer zu
Ein Kamerateam.

Eine längere Pause.

SPEER *fast tonlos*
Diese ganze Unterredung ist ...

BAUER ... auf Zelluloid? Aber sicher! Seit dem Augenblick, als wir hier eingetreten sind!

Eine längere Pause.

SPEER Soll das heißen, daß dieses Angebot ...

BAUER ... fiktiv war?
betrachtet ihn amüsiert
Jetzt sind Sie enttäuscht!

Eine längere Pause.

SPEER Diese Aufnahme ist mir auszuhändigen!

BAUER Damit alles umsonst war? Haben Sie eine Ahnung, wie sich unsere Herren auf diese Vorführung freuen! Auf ihre wenn auch vergleichsweise bescheidene Rache an dem Mann, dessen Karrieresucht sie soviele ihrer damaligen Leiden und Erniedrigungen danken! Die hatten sogar Wetten miteinander abgeschlossen. Denn über den Ausgang dieser Sache waren die Meinungen ja tatsächlich recht unterschiedlich. Die einen, darunter unser Staatsratsvorsitzender, waren der Ansicht, Sie würden auf unser »Angebot« auf jeden Fall eingehen ...

SPEER Ich hatte keinerlei Zusage gemacht!

BAUER *schenkt ihm einen amüsierten Blick*
Die zweite Fraktion meinte, Sie würden sich uns aus humanitären Gründen verweigern. Die hatten Ihnen nämlich den geläuterten Speer abgekauft: Niemals würden Sie heute einem Regime dienen, das auf seine Bürger feuert.

SPEER Das würde ich auch nicht tun!

BAUER Aber Honecker, der alte Fuchs, war auch da wieder schlauer: »Nur die Schamlosen gehen wie dieser Speer ins Fernsehen, um ihre Reue vorzuführen. Wer sich wirklich schämt, hält einfach das Maul.« Ist doch gut?

... Und dann hat es natürlich noch diese dritte Fraktion gegeben, zu der auch ich selbst gehört habe. Die war der Ansicht, daß die Sache an Ihrem Intellekt scheitern würde. Ich meine, daß die Opfer von damals Sie zum Schluß nun noch eigenhändig zu ihrem Retter krönen ... Um auf sowas reinzufallen, seien Sie einfach zu intelligent!

In der nun entstehenden Pause ist zu erkennen, wie Speer nach einem Ausweg sucht.

Speer *etwas leiser*
Herr Bauer ...
nach einem Blick zu der Stelle, wo vorher die Kamera stand
Sind wir jetzt hier allein?

Bauer *nach einem kurzen Blick in die gleiche Richtung*
Arbeitsplatzgarantie. Da macht keiner freiwillig Überstunden, Sie sagten es ja selbst.

Speer *noch etwas leiser und durchaus in der Absicht, die Möglichkeiten einer Bestechung auszuloten*
Sie sind also ein Mann der Staatssicherheit ... Da sind Sie doch omnipotent ... ?

Bauer *lacht*
Ihre Worte. Habe ich behauptet, bei der Stasi zu sein?
während er ihn vertraulich beim Arm nimmt und ein paar Schritte mit ihm geht
Die Herren unserer Regierungsriege haben sich einstimmig dafür ausgesprochen, daß *ich* diese Rolle ihres späten Racheengels spiele. Und weigern kann sich da natürlich keiner: Das würde einem sehr übel vermerkt!

Eine längere Pause.

Speer *unter ungläubigem Gelächter*
Ein Schauspieler!

Bauer Wo bleibt der Applaus?

Speer *lachend*
Ein Schauspieler!

Bauer Tut mir leid, Sie abermals zu enttäuschen. War aber trotzdem eine anspruchsvolle Rolle. Ich kann es gar nicht erwarten, morgen das Material zu sichten. Unter solchen Bedingungen habe ich ja tatsächlich noch nicht gespielt.

SPEER … Sie sehen morgen den Film?

BAUER Ein bißchen muß er wohl schon geschnitten werden. Bei der Sache mit den Arbeitsplätzen zum Beispiel. Ich habe das Gefühl, da waren wir zu lang.

SPEER *senkt die Stimme*
… Man weiß, daß ihr hier alle fort wollt. Vor allem die Künstler!

BAUER *ungläubig*
Sie wollen mir zur Flucht aus der Deutschen Demokratischen Republik verhelfen? Als Belohnung für den Film?

SPEER *vorsichtig*
Das habe ich so nicht gesagt.

BAUER Zur Flucht aus einem Land, dem Sie gerade noch beim Abriegeln seiner Grenzen beistehen wollten?

SPEER Lassen wir doch die großen Worte …

BAUER *bricht nun seinerseits in Gelächter aus*
Nein, Herr Speer, nicht von Ihnen!
Auch wenn ich wie die meisten meiner Kollegen an nichts anderes denke: Von Ihnen und Ihren ehemaligen Kameraden lasse ich mir nicht aus diesem Gefängnis helfen!
Das wäre ja als ob …
er blickt hilflos um sich
Nicht einmal ein Vergleich fällt einem dazu ein, sehen Sie?
Ich meine, Ihnen und Ihren Kumpanen ist diese famose DDR doch zu verdanken? Wenn Ihr damals nicht auf die Russen losgegangen wärt, um ihnen ihr Land wegzureißen und ihr Volk in eurer Rüstung zu verheizen, dann hätten die euch natürlich nicht bis nach Berlin zurückverfolgt!
Und jetzt sind sie hier … Jetzt sind sie hier und lassen uns nie wieder aus den Klauen! Sie mitsamt ihren Ulbrichts und Honeckers und Mielkes, die als gute Deutsche diese ganze Misere natürlich noch ein bißchen perfekter machen!

Ich war Kommunist. An das Manifest habe ich geglaubt. Doch heute interessiert mich eigentlich nur noch eine Frage: Wie kommt es, daß auch die klügste und edelste Idee früher oder später in die Hände der Dümmsten und Unbarmherzigsten gerät?
Und wie sind diese Leute so geworden?
Einer wie Erich Honecker zum Beispiel, der war doch irgendwann einmal ein glühender Humanist? Der hat sich von Ihrer Clique für seine Ideale foltern lassen, hätte dafür um ein Haar mit dem Leben bezahlt! Und jetzt läßt derselbe Mann da draußen auf Menschen schießen!
Ist es der *Weg* zur Macht? Die Art und Weise, wie sie ihre Posten ergattern? Der lange Marsch durch die Intrigen? Ist man dann, wenn man endlich dort anlangt, wo man den Zukurzgekommenen helfen könnte, bereits viel zu abgestumpft, um mit denen noch Mitleid zu empfinden?
Nicht Ihr Problem, ich weiß.
Sie jammern ganze Bücher voll über Ihre Leiden in Spandau.
Gehen mit Ihrem Gejammer zur BBC, zur NBC, zum PLAYBOY und weiß ich wohin und verdienen damit auch noch Geld!
Die vollen zwanzig Jahre hat man Sie absitzen lassen, armer Mann!
Und trotz Ihres exemplarischen Haftverhaltens kein bißchen Entgegenkommen von Seiten der Besatzer!
Herr Speer, wir Bürger der DDR sitzen seit fünfunddreißig Jahren in diesem von Ihnen und Ihren Komplizen gezimmerten Käfig!
Und zwar *alle:* Schuldige und Unschuldige, Männer und Frauen, Greise und Kinder. Und im Gegensatz zu Ihrer Spandauer Zeit gibt es für uns nicht einmal eine Hoffnung auf Straferlaß!
Für uns heißt das Urteil lebenslänglich! Denn so wie es aussieht, bleibt diese Mauer da draußen ewig, und wir, die wir dahintersitzen, kommen nie wieder raus!
nach einer Pause, beherrscht
Ihr Angebot ist abgelehnt. Vom Architekten seines Kerkers läßt man sich nicht den Schlüssel reichen.

er bringt ihm Hut und Mantel
Den Weg ins Hotel finden Sie wohl allein. Das ist ja sozusagen Ihr Revier gewesen? ... Und keine Angst vor den Grenzern: Die wissen, wer Sie sind.
als Speer nun in aller Ruhe in seinen Mantel schlüpfen will, schreit er ihn an
Sie sollen abhauen!

Speer verläßt nach einem leicht amüsierten Blick auf den erregten Bauer gelassenen Schrittes den Raum.
Bauer ist allein.
Er braucht einen Augenblick um seine Beherrschung zurückzugewinnen. Dann macht auch er sich zum Gehen fertig, schlüpft in seinen Mantel, trägt die benutzten Gläser zum Tisch: Dort sieht er die von Speer signierten Bücher, liest mit dem Lächeln des Siegers die Widmung in dem, das zuoberst liegt, klemmt sich dann beide Bände wie eine Trophäe unter den Arm.
Und gerade als er sich zum Verlassen des Raumes anschickt, ertönt eine weibliche Stimme ...

FRAUENSTIMME *leise, eindringlich, beinahe zärtlich*
Herr Bauer?
die Stimme klingt so nah, daß Bauer die Person hinter sich vermutet und sich umdreht – und darum wird sie jetzt etwas lauter
Herr Bauer ... ?
erst jetzt wendet Bauer den Blick zu der Stelle, wo vorher das Kamerateam war
Hier sind ein paar Herren, die sich für Ihren letzten Monolog interessieren.

Bauer begreift.
Er läuft zu der kleinen Tür am hinteren Ende des Raumes, die er verschlossen findet.
Abruptes Dunkel.

Nachtrag

Albert Speer ist 1981 (etwa ein Jahr nach dieser fiktiven Begegnung) nach einem BBC-Interview in einem Londoner Hotelzimmer im Beisein seiner jungen Geliebten an Herzversagen gestorben.

Bei der Arbeit an meinem Stück konnte ich auf folgende Literatur zurückgreifen:

Durth, Werner: Deutsche Architekten, Biographische Verflechtungen 1900-1970, Braunschweig 1986

Geist, Johann Friedrich, Kürvers, Klaus: Tatort Berlin, Pariser Platz, Die Zerstörung und »Entjudung« Berlins, in: 1945 – Krieg – Zerstörung – Aufbau, Architektur und Stadtplanung 1940-1960. Schriftenreihe der Akademie der Künste, Band 23, Berlin 1995

Geppert, Dominik: Störmanöver, Berlin 1996

Giordano, Ralph: Wenn Hitler den Krieg gewonnen hätte, Die Pläne der Nazis nach dem Endsieg, Hamburg 1989

Gruen, Arno: Der Wahnsinn der Normalität, München 1990

Harris, Robert: Vaterland, Zürich 1992

Janssen, Gregor: Das Ministerium Speer, Deutschlands Rüstung im Krieg, Berlin, Frankfurt/M., Wien 1968

Knopp, Guido: Hitlers Helfer, Gütersloh 1996

Reichhardt, Hans J., Schäche, Wolfgang: Von Berlin nach Germania – Über die Zerstörungen der Reichshauptstadt durch Albert Speers Neugestaltungsmaßnahmen, Berlin 1984

Reif, Adelbert: Albert Speer, Kontroverse um ein deutsches Phänomen, München 1978

Schäche, Wolfgang, Albert Speer, in: Wolfgang Ribbe, Wolfgang Schäche (Hrsg.), Baumeister – Architekten – Stadtplaner, Biographien zur baulichen Entwicklung Berlins, Berlin 1987

Schäche, Wolfgang: Architektur und Städtebau in Berlin zwischen 1933 und 1945, Die Bauwerke und Kunstdenkmäler von Berlin, Beiheft 17, Berlin 1991

Schäche, Wolfgang: Spurensuche am Pariser Platz, Ein imaginärer Spaziergang, in: 1945 – Krieg – Zerstörung – Aufbau, Architektur und Stadtplanung 1940-1960. Schriftenreihe der Akademie der Künste, Band 23, Berlin 1995

Schmidt, Matthias: Albert Speer: Das Ende eines Mythos – Speers wahre Rolle im Dritten Reich, Bern, München 1982

Sereny, Gitta: Das Ringen mit der Wahrheit – Albert Speer und das deutsche Trauma, München 1995

Speer, Albert: Die Neue Reichskanzlei, München 1939

Speer, Albert: Erinnerungen, Frankfurt/M., Berlin, Wien 1969

Speer, Albert: Spandauer Tagebücher, Frankfurt/M., Berlin, Wien 1975

Speer, Albert: Architektur, Arbeiten 1933-1942, Frankfurt/M., Berlin, Wien 1978

Speer, Albert – Technik und Macht, hrsgg. von Adelbert Reif, Esslingen am Neckar 1979

Speer, Albert: Der Sklavenstaat, Meine Auseinandersetzungen mit der SS, Stuttgart 1981

Stephan, Hans: Die Baukunst im Dritten Reich, insbesondere die Umgestaltung der Reichshauptstadt, Berlin 1939

Van der Vat, Dam: Der gute Nazi, Albert Speers Leben und Lügen, Berlin 1997

Wolters, Rudolf: Albert Speer, Deutsche Künstler unserer Zeit, Oldenburg 1943

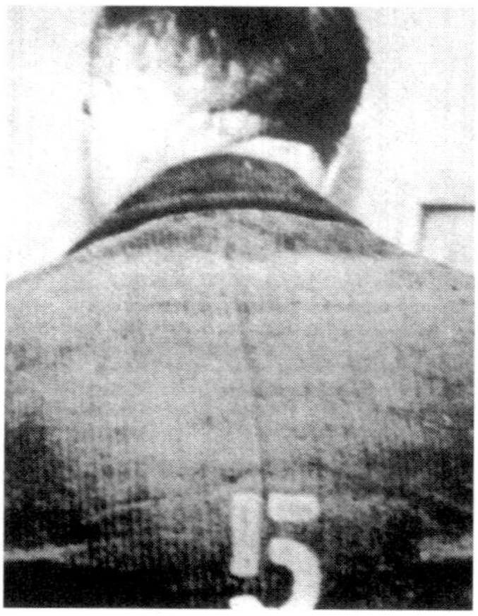

Wolfgang Schäche

*Albert Speer: Biographische Anmerkungen**

Obwohl die Veröffentlichungen zu Albert Speer inzwischen Legion sind, existiert bis heute keine wirklich ernstzunehmende biographische Arbeit, in der die Person und ihr Handeln in den vielschichtigen Verstrickungsebenen der Karriere auch nur ansatzweise wissenschaftlich grundlegend und umfassend untersucht wurde und an der sich eine kritische Kurzbetrachtung wie diese – welche sich vor allem seiner Architektenkarriere widmet und nicht seiner Rolle als Rüstungsminister – orientieren und entwickeln könnte. Zu sehr ist die gesamte Auseinandersetzung mit der Figur Speer noch von seinen eigenen Schriften und mündlichen Überlieferungen bestimmt und inhaltlich durchwirkt. »Er hat ein Meisterwerk publizistischer Wirksamkeit hinterlassen, das die Zunft der Vergangenheitsbewältiger noch lange irritieren wird. Denn keiner verstand sich so gut auf die Kunst des Hakenschlagens, auf das Bekennen und Wegdisputieren eigener Verantwortung wie er: Albert Speer, der Künstler-Freund und Rüstungsminister Hitlers ... [und bis 1981] der letzte Überlebende aus dem innersten Kreis des Führers.«[1] Und in der Tat gibt es kaum eine Fragestellung, deren Inhalt sich von den Speerschen Präliminarien, die er zur Geschichte des »Dritten Reiches« so nachhaltig verbreitete, unabhängig macht. Selbst eine so beachtliche Untersuchung wie Gregor Janssens »Das Ministerium Speer. Deutschlands Rüstung im Krieg«[2] zum Beispiel ist von der Mythenbildung, die sich um Speer rankt, nicht frei. Und auch Erich Fromm stützt in seiner »Anatomie der menschlichen Destruktivität« sein Hitler-Bild maßgeblich auf Aussagen Albert Speers, bis hin zur Heranziehung

* Der vorliegende Text stellt eine überarbeitete und aktualisierte Fassung eines bereits publizierten biographischen Portraits zu Albert Speer dar. Seine Veröffentlichung erfolgte in: Wolfgang Ribbe/Wolfgang Schäche (Hrsg.), Baumeister. Architekten Stadtplaner-Biographien zur baulichen Entwicklung Berlins, Berlin 1987.

eines Traumes, den dieser angeblich in der Spandauer Haftzeit hatte.[3] Wo immer dem »Phänomen Speer« nachgespürt wurde, ist sein selbstinszeniertes (literarisches) Vermächtnis[4] inhaltsschwer präsent; auch und gerade wenn es darum ging, ihn mit großer Angestrengtheit zu »demaskieren«, wie in Matthias Schmidts 1982 erschienenem Buch »Albert Speer. Das Ende eines Mythos [zusätzlicher Werbetitel: Die Aufdeckung seiner Geschichtsverfälschung]. Speers wahre Rolle im Dritten Reich.«[5] Albert Speer hatte auch derartige Unternehmungen bei der Stilisierung seiner historischen Rolle des »feinsinnigen Schuldig-Unschuldigen« (Alexander Mitscherlich) bereits einkalkuliert. Auf die inhaltlich »geschönte« und publikumswirksame Fassung seiner »Erinnerungen«[6] von Rudolf Wolters, dem Studienkollegen, Freund und langjährigen leitenden Mitarbeiter in der Behörde des »Generalbauinspektors« sowie Organisator des Kassiberschmuggels aus dem Spandauer Gefängnis, wenige Monate nach Erscheinen der ersten Auflage im Jahre 1969 kritisch angesprochen, antwortete dieser, unter Hinweis auf den rasanten Absatz seines Buches, »schreib' doch den Anti-Speer.«[7]

So kann es denn nicht verwundern, daß auch und gerade die bis dato vorliegenden Darstellungen des »Architekten Speer« – der immerhin neun der zwölf Jahre seiner Karriere während des Nationalsozialismus ausmachte und dem seine besondere Aufmerksamkeit und Imagepflege galt – nachhaltig von ihm mitgeprägt worden sind. Das betrifft sowohl das im »Dritten Reich« konstruierte Architektenbild Speers als auch jenes der Gegenwart. Exemplarisch steht dafür vor allem die von ihm selbst herausgegebene Werkdarstellung »Albert Speer. Architekt. Arbeiten 1933-1942«.[8] Sie war die erste architekturwissenschaftliche Veröffentlichung nach 1945, die man einem Einzelkünstler des »Dritten Reiches« widmete.[9] Der mit aufwendigen Bildtafeln ausgestattete voluminöse Großband dokumentiert die wesentlichen Arbeiten, die Speer als »Architekt des Führers« produzierte, wobei Form und Ausstattung der Publikation ganz in derTradition der Kunstbücher des Nationalsozialismus gehalten sind. Titelbild und Rückseite zieren Abbildungen des Innenhofs der Neuen Reichskanzlei, die nach seinen Plänen zwischen 1937 und 1939 in Berlin gebaut wurde; vorn lädt die Eingangssituation zum »Spaziergang« durch die Speersche Architekturwelt ein, aus der man gleichsam auf der Rückseite nach beendeter Lektüre durch den Ausgang entlassen wird. Damit ist seine »Baukunst« von der ersten bis zur letzten Seite bewußt wie ein in sich geschlossenes künstlerisches Œuvre inszeniert. Der äußeren Erscheinung entspricht auch der Buchinhalt. Form und Bild sind die durchgängig beherrschenden Elemente. In einem kurzen Vorwort bemüht sich Speer um glaubwürdige Distanz zu seiner Architektur und der damit verbundenen politischen Intention, um sie gleichzeitig mit historischer Kontinuität zu legitimieren. Dem Vorwort folgen im Hauptteil die Bildtafeln der Arbeiten. Ohne ausreichend erklärende Texte und unchronologisch aneinandergereiht, sollen sie »für sich sprechen«. Im Anhang mühen sich dann schließlich drei Kunsthistoriker unter unterschiedlichen Fragestellungen, Albert Speers »Werk« in die abendländische Baugeschichte einzuordnen, seine Architektur an formalästhetischen Kategorien zu messen und aus seinem persönlichen Verhältnis zu Hitler zu erklären. Die Frage nach dem Zusammenhang von Architektur, Politik und Gesellschaft bleibt dabei ausgegrenzt. Allein der »Künstler« und sein »Werk« sind Gegenstand der Betrachtung. Beinahe die Hälfte aller Anmerkungen weist dabei Speers »Erinnerungen« bzw. »Spandauer Tagebücher« als Quelle aus[10], ohne deren Aussagewert durch Hinzuziehung weiterer relevanter Quellen kritisch zu überprüfen. Eine explizite Betrachtung Speers, die ihn und seine Arbeit im Kontext des komplizierten persönlichen wie machtpolitischen Beziehungsgeflechts einordnet, sucht man dagegen vergeblich. Das trifft schließlich auch für andere Untersuchungen zu, die Speers bauliches Wirken zum Gegenstand haben, wie zum Beispiel Lars Olof Larssons »Die Neugestaltung der Reichshauptstadt. Albert Speers Generalbebauungsplan für Berlin«.[11] Und selbst kritische Arbeiten zur Architektur des Nationalsozialismus gehen auf die Person nur unzureichend ein. So bleibt festzustellen, daß eine komplexe wie gleichermaßen wissenschaftlich fundierte Untersuchung zu Albert Speer im allgemeinen sowie zu seiner Rolle als »Architekt des Führers« im besonderen noch zu leisten sein wird. Der vorliegende Diskurs kann eine solche Arbeit nur anregen.

Wer war Albert Speer?

Am 19. März 1905 als Sohn eines Architekten in Mannheim geboren, wuchs er in einem großbürgerlichen Haushalt auf, in dem es an nichts Materiellem mangelte. Die Mutter, Tochter eines wohlhabenden Handelsherrn, führte ein aufwendiges Haus, derweil Vater Albert mit Enthusiasmus seinen (architektonischen) Geschäften nachging. Die Kindheit des zweiten Sprößlings unter drei Söhnen war so durch die starren gesellschaftlichen Regeln eines auf Status und Repräsentation bedachten Elternhauses geprägt. Dem Besuch einer vornehmen Privatschule folgte die Oberrealschule. 1923 bestand er hier die Reifeprüfung. Sein Wunsch, Mathematik zu studieren, wurde von den Eltern nicht akzeptiert. Wie schon sein Großvater Berthold Speer und der Vater sollte er Architekt werden. Im Sommersemester 1923 nahm er schließlich folgsam das Architekturstudium an der Technischen Hochschule in Karlsruhe auf. Ein Jahr später wechselte er an die Technische Hochschule München, wo er drei Semester studierte, bis es ihn dann 1925 nach Berlin zog. Im Seminar von Hans Poelzig, dem großen Entwurfslehrer der Technischen Hochschule Berlin-Charlottenburg, fand er aufgrund mangelnder zeichnerischer Begabung aber zunächst keine Aufnahme. Im Sommersemester 1926 ging er schließlich zu Heinrich Tessenow, der, gerade aus Dresden kommend, nach Berlin berufen war. Seiner späteren Frau Margarete schrieb er: »Mein neuer Professor ist der bedeutendste, geklärteste Mann, den ich je traf. Ich bin ganz begeistert von ihm und arbeite mit großem Eifer. Er ist nicht modern, aber in gewissem Sinne noch moderner als alle anderen. Er ist nach außen genauso phantasielos und nüchtern wie ich, aber trotzdem haben seine Bauten etwas tief Erlebtes. Sein Verstand ist erschreckend scharf. Ich werde mir Mühe geben, in einem Jahr in seine ›Meisterschule‹ zu kommen, und ich werde nach einem weiteren Jahr versuchen, bei ihm Assistent zu werden.«[12]

Seine Mühen sollten sich sehr bald auszahlen. Im November 1927, also bereits vier Monate vor seinem Diplom-Examen, fand er im Privatatelier von Tessenow Anstellung. Sie währte bis April 1929. Zwischenzeitlich, Ende Februar 1928, schloß er sein Studium erfolgreich ab. Vom Sommersemester 1929 bis März 1932 arbeitete er schließlich als Assistent im Seminar

Heinrich Tessenows an der Technischen Hochschule.[13] Heinrich Tessenow, der Meister des »Kleinstädtisch-Handwerklichen«[14] hatte offensichtlich an dem strebsamen Bourgeois einen Narren gefressen.

Nach Beendigung der Assistentenzeit ging er dann zurück nach Mannheim. Er wollte dort als freiberuflicher Architekt tätig sein. In der heimatlichen Umgebung hoffte er auf Aufträge, die ihm in Berlin versagt blieben. Bis dahin hatte er lediglich ein Haus gebaut. Für die Schwiegereltern entstand 1930 in Heidelberg der »unauffällige Bau« Ackerweg 1. Aber auch im vertrauten Mannheim wollte es aufgrund der wirtschaftlichen Depression nicht recht mit der Arbeit klappen. Ein Ladenumbau war die einzige Tätigkeit, die sich nach der Rückkehr im Jahre 1932 einstellen wollte. Speer entschloß sich deshalb, finanziell von der Familie abgesichert, im Sommer des gleichen Jahres kurzzeitig nach Berlin zurückzugehen, um »seine« Partei im Wahlkampf zu unterstützen. Seit dem 1. März 1931 war er mit der laufenden Register-Nummer 474481[15] Mitglied der NSDAP. Ob es eine »beeindruckende« Hitler-Rede Ende 1931 in der Berliner »Hasenheide« war, die ihn zu diesem Entschluß führte, wie er es in seinen »Erinnerungen« darstellt, oder aber pragmatisches Kalkül, »rechtzeitig« dabeizusein, wird nicht mehr zu klären sein. Seine »Mithilfe« bei den Wahlvorbereitungen der Berliner Ortsgruppen brachte ihm jedenfalls wichtige Aufträge und Kontakte. Noch 1932 konnte er die »Geschäftsstelle des Bezirkes West der NSDAP« sowie das »Adolf-Hitler-Haus (Gau-Geschäftsstelle) der NSDAP« in Berlin umbauen.[16] 1933, nach der »Machtergreifung«, folgten die Einrichtung und der »Umbau der Amtsräume des Propagandaministers« und der »Umbau der Amtsräume im 1. Obergeschoß des Erweiterungsbaus der Reichskanzlei«. Mit den Ausgestaltungen des »Tempelhofer Feldes zum 1. Mai, des Reichsparteitages in Nürnberg, des Erntedankfestes am Bückeberg und der Funkausstellung in Berlin 1933«[17] war schließlich seine Stellung als Parteiarchitekt in kürzester Zeit konsolidiert und sein Name bis zu Hitler vorgedrungen, wobei vor allem seine organisatorischen Fähigkeiten bei der Erstellung temporärer Festbauten Eindruck machten.[18] Der »Architekt des Führers« war er indes noch nicht; das war zu diesem Zeitpunkt ohne Zweifel Paul Ludwig Troost aus München.[19] Ihm hatte Hitler kurz nach dem Machtantritt die ersten spektakulären Bauaufgaben des »Dritten Reiches« übertragen, die Parteibauten mit den sogenannten Ehrentempeln am Königlichen Platz sowie das »Haus der Deutschen Kunst« in München. Bauten, die zunächst für die Staats- und Parteiarchitektur die ästhetische Orientierung darstellten. Denn obschon man in der »Kampfzeit« lautstark propagierte, wie im künftigen Deutschland nicht gebaut werden sollte, fehlte es an dezidierten Aussagen, wie die »Neue Deutsche Baukunst«[20] denn konkret auszusehen habe.

Als Speer aufgrund des frühen Todes von Troost – er starb Anfang 1934 – schließlich die nach München zweite große Partei-Aufgabe, den Ausbau des Parteitagsgeländes in Nürnberg, überantwortet bekam, war zunächst auch für ihn das von Troost verwandte formale Repertoire bindend. Tessenows Vorstellungen vom bescheidenen »Hausbau und dergleichen«[21] hatten hier ihren Sinn verloren. An deren Stelle trat, geleitet von den Machtintentionen seiner Bauherren, ein karger panzerglatter Monumentalismus: hart und rigide im Habitus, reduziert im Detail, bedrohlich-disziplinierend in der Wirkung. Durch die Betonung der isolierten Form, der Festlegung der Oberflächen durch eine starre Ordnung, die in ihrer Strenge durch die Verwendung handwerklicher Materialien – vor allem »ehernem Naturstein« – gesteigert wurde, sollten Bauten, wie das Zeppelinfeld in Nürnberg zum Beispiel, der Darstellung nationalsozialistischer Gesellschaftsinhalte dienen wie auch gleichzeitig auf sie hinweisen, im Sinne »steingewordener Weltanschauung«.

Mit dem Nürnberger Auftrag schien für Albert Speer der entscheidende Durchbruch zu Hitler gelungen zu sein. Aber obwohl dieser sich von den raumgreifenden Entwürfen der Gesamtanlage für das Reichsparteitagsgelände und dem zügigen Baufortschritt beeindruckt zeigte, zögerte er noch eine geraume Frist, ihn vollends zu »seinem« Architekten zu machen. Und damit verband sich vor allem der geplante Ausbau Berlins, den Hitler bereits seit 1933 gedanklich verfolgte. Noch Mitte 1935 war er sich über die künstlerische Qualität Speers nicht im klaren, obwohl dieser zwischenzeitlich mit der Umarbeitung des ersten Entwurfs Werner Marchs zum Berliner Olympiastadion, die er mit diesem gemeinsam durchführte, einen weiteren Beweis seiner architektonischen Anpassungsfähigkeit lieferte.[22] In einer Niederschrift der Berliner Stadtverwaltung über eine Besprechung beim »Führer« wegen der geplanten Neugestaltung der Reichshauptstadt heißt es dazu: »Der Führer erklärt, daß er noch nicht den richtigen Architekten dafür wisse. Prof. Troost, der an sich wohl geeignet gewesen wäre, sei tot, und ob Architekt Speer dafür ausreiche, könne er noch nicht sagen. Der Bau des Reichssportfeldes zeige, wie bedeutungsvoll für eine solche große Aufgabe der richtige Architekt sei. Er sei durchaus nicht zufrieden mit dem was auf dem Reichssportfeld alles geschähe, aber er habe in diesem Jahre nicht genügend Zeit, sich mit solchen Dingen zu befassen. Jetzt müsse er sich ausschließlich mit außenpolitischen Fragen beschäftigen, denn letzten Endes müsse er auch selber für alle Einzelheiten bei den Verhandlungen die Entscheidung treffen ... Er wolle aber auch sich weiterhin nach einem geeigneten Architekten umsehen. Einen hervorragenden Bildhauer habe er schon in dem Schöpfer des Leipziger Richard Wagner-Denkmals gefunden, der auch für Nürnberg einige Arbeiten geliefert habe. So einen Mann brauche er in der Architektur auch für Berlin.«[23]

Anfang 1936 fiel dann schließlich doch die Entscheidung für den jungen Albert Speer. Er sollte nun die ersehnte »Neugestaltung« Berlins vorbereiten. Ohne Wissen der städtischen Bauadministration wurde er von Hitler mit den Planungen direkt beauftragt. Als designierter Chef einer neuen übergeordneten Behörde, die es noch institutionell wie instrumentell zu installieren galt, befaßte er sich bereits ab März 1936 intensiv mit grundlegenden Umgestaltungsplänen.[24] Nahezu unbemerkt von der Öffentlichkeit bereitete er mit einem kleinen Stab von Mitarbeitern in seinem Privatbüro in der Lindenallee in Berlin-Westend den konzeptionellen Rahmen vor. Nach etwa zehn Monaten waren dann die wesentlichen Planungsgrundlagen erarbeitet und derweil die juristische Konstruktion des künftigen Planungsapparates gefunden. Am 30. Januar 1937 wurde Albert Speer offiziell zum »Generalbauinspektor für die Reichshauptstadt Berlin«[25] ernannt, seine Dienststelle (G.B.I.) mit den Kompetenzen eines Ministeriums ausgestattet, allein dem »Führer« unterstellt. Vorbildfunktion hatte die bereits 1933 aufgebaute Behörde des »Generalinspektors für das deutsche Straßenwesen«, deren Chef Fritz Todt war. Die G.B.I. wurde dabei in der Hierarchie so angesiedelt, daß die Stadtverwaltung bezüglich der »Neugestaltung« in ihrer Planungshoheit sowie die Preußischen und Reichsbehörden in ihren Teilkompetenzen ausgeschaltet waren. Im Interessengebietsplan vom 1. August 1938 umfaßten jene Bereiche, in denen ohne Speers Einverständnis keine Baumaßnahmen getroffen werden durften, weit mehr als die Hälfte des Stadtgebietes. Um die reibungslose Durchführung der Planungen zu gewährleisten, wurden im Wege zusätzlicher Verordnungen sämtliche Reichsbehörden zur Zuarbeit gezwungen, die entweder, wenn von übergeordneter Relevanz, unmittelbare Hitler-Direktiven waren oder, im Normalfall, vom »Generalbauinspektor« selbst erlassen werden konnten. Die Baugesetzgebung einschließlich der sonst gültigen Bauordnung war des weiteren für die »Neugestaltung« faktisch außer Kraft gesetzt.

Speers Stellung als »Architekt des Führers« zeigt sich in ihrer Machtdimension auf dem Höhepunkt, als auf sein Betreiben der Oberbürgermeister und Stadtpräsident von Berlin, Julius Lippert, 1940 seiner Ämter enthoben wurde und an seine Stelle Ludwig Steeg trat. Dabei nutzte Speer die persönliche Abneigung Hitlers gegenüber Lippert geschickt aus. Anlaß der Kontroverse war, daß sich Lippert – in einem Briefwechsel vom Sommer 1940 festgehalten – den zum Teil demütigenden Anordnungen Speers widersetzte, um der Stadtverwaltung die noch verbliebenen Rechte zu sichern.[26]

Sowohl die Einsetzung des G.B.I. als auch seine Aufgabenstellung und Entwicklung waren dabei Ausdruck einer sich verändernden Politik. Mit der Konsolidierung der innenpolitischen Verhältnisse durch die brutale Ausschaltung jeglichen Widerstandes und der totalen Kontrolle des öffentlichen Lebens einerseits sowie der Realisierung der wirtschaftlichen Kapazitäten andererseits hatten sich inzwischen auch die gesellschaftlichen Aufgaben und Funktionen, die der Architektur als systemstabilisierender Faktor langfristig zugeordnet waren, konkretisiert. Die erklärte nationalsozialistische Forderung nach öffentlicher Machtdemonstration und Selbstdarstellung wurde vollends mit den ökonomischen Interessen der Bauindustrie nach langfristig wirksamen Aufträgen gekoppelt. Der Hitler-Staat verlangte nach einem ihm adäquaten baulichen Rahmen, die Wirtschaft nach gesicherten Gewinnen. Im Gefolge der Berliner Aktivitäten wurden sehr bald auch für München

Die Neue Reichskanzlei in Berlin-Mitte
oben: östlicher Eingangsbereich an der Voßstraße, 1939
unten: Ehrenhof mit Hauptportal, 1939

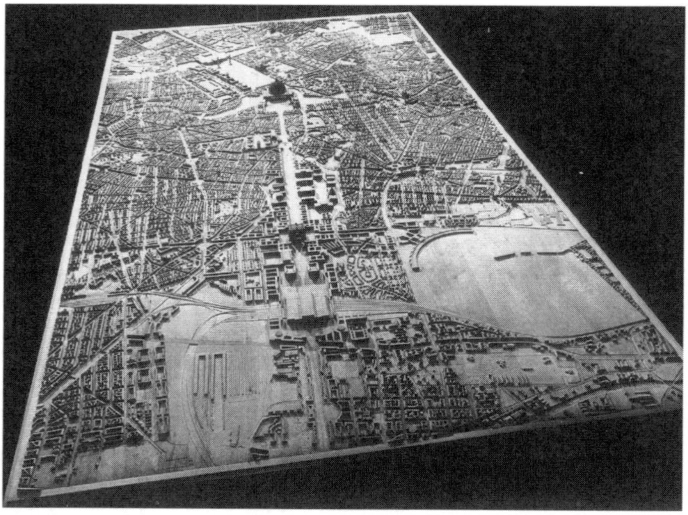

Modelltisch mit der Nord-Süd-Achse zwischen Nord- und Südbahnhof im großen Saal des Akademie-Gebäudes am Pariser Platz 4, um 1938

Seite 81: Dieses Dokument, in der Nacht nach der Kapitulation Frankreichs diktiert, zeigt die Beziehung zwischen Architektur und Krieg im Nationalsozialismus

sowie Hamburg und bald darauf für sämtliche Gauhauptstädte »Neugestaltungsprogramme« entwickelt, deren Volumina megalomane Ausmaße hatten.[27]

Mit den vorgesehenen »Neugestaltungen« war eine Phase eingeleitet, deren architektonische Inhalte zugleich einen qualitativen Umschlag kennzeichneten.[28] Berlin hatte hierbei absolute Priorität. Es sollte unter den nunmehr bestimmenden Prämissen einer expansiven Außenpolitik, gleichsam im Vorgriff auf deren kriegerische Realisierung, zur gigantischen Machtzentrale ausgebaut werden. Bereits Anfang 1938 war die städtebauliche Rahmenplanung der »Neugestaltung« soweit gediehen, daß man an die detaillierte Ausarbeitung einzelner Gebäude bzw. Bereiche herangehen konnte.

Der Speersche »Neugestaltungsplan« sah als signifikantes Merkmal und gleichzeitig als Rückgrat des neuen Stadtgrund-

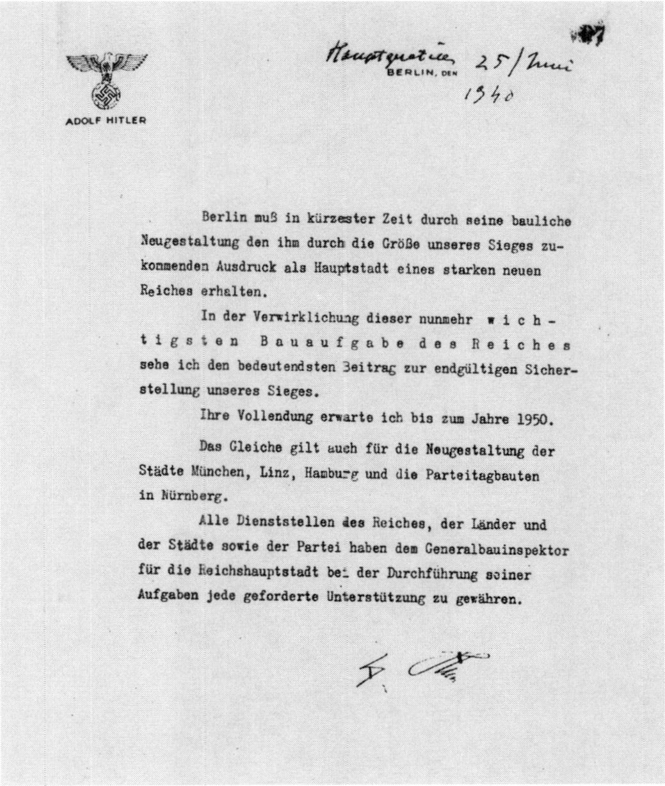

ADOLF HITLER

Hauptquartier, 25/Juni 1940
BERLIN, DEN

Berlin muß in kürzester Zeit durch seine bauliche Neugestaltung den ihm durch die Größe unseres Sieges zukommenden Ausdruck als Hauptstadt eines starken neuen Reiches erhalten.

In der Verwirklichung dieser nunmehr w i c h t i g s t e n B a u a u f g a b e d e s R e i c h e s sehe ich den bedeutendsten Beitrag zur endgültigen Sicherstellung unseres Sieges.

Ihre Vollendung erwarte ich bis zum Jahre 1950.

Das Gleiche gilt auch für die Neugestaltung der Städte München, Linz, Hamburg und die Parteitagbauten in Nürnberg.

Alle Dienststellen des Reiches, der Länder und der Städte sowie der Partei haben dem Generalbauinspektor für die Reichshauptstadt bei der Durchführung seiner Aufgaben jede geforderte Unterstützung zu gewähren.

risses ein Achsenkreuz vor, dessen Straßen in Nord-Süd- und Ost-West-Richtung verliefen und sich im Bereich des Brandenburger Tores schnitten. Die vier Achsenenden schlossen jeweils auf den um Berlin geplanten (und inzwischen realisierten) Autobahnring an, welcher die neue Stadtgrenze bilden sollte. Vier konzentrische Ringe vervollständigten das Achsenkreuz, welches zusätzlich durch eine Vielzahl von Radialstraßen ergänzt wurde. Das Herzstück der Planung bildete die als Triumphstraße gedachte Nord-Süd-Achse. Ihre Projektion stand im engen Zusammenhang mit dem geplanten Umbau des gesamten Fernverkehrssystems. Die Aufgabe der bis dahin vorhandenen diversen Kopfbahnhöfe sollten in den Bezirken Wedding und Tempelhof zwei Zentralbahnhöfe übernehmen, welche die baulichen Endpunkte des etwa sieben Kilometer messenden Mittelabschnittes darstellten, der die eigentliche

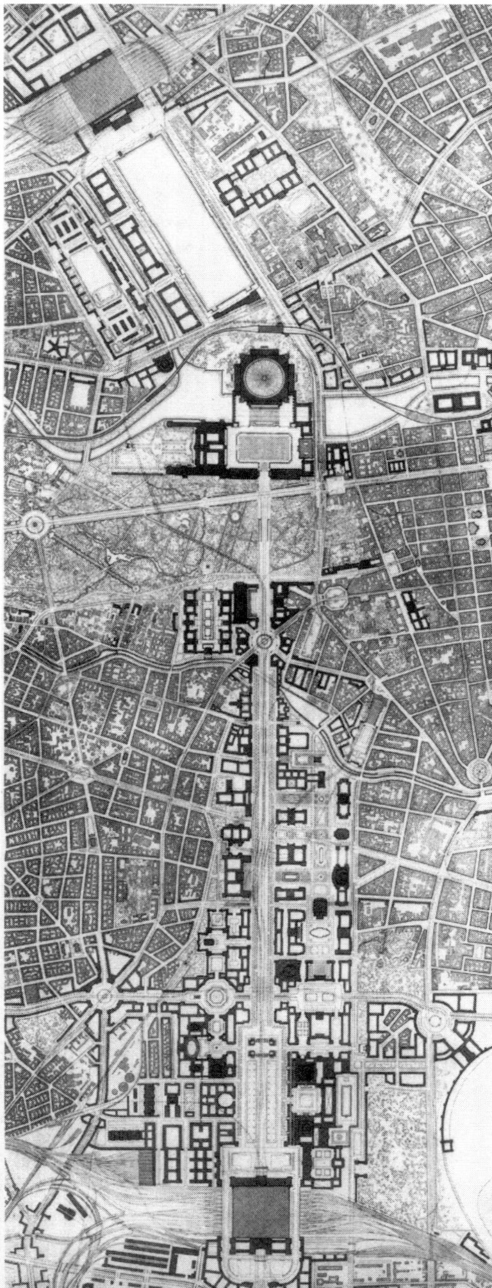

Seite 82: Nord-Süd-Achse zwischen Nord- und Südbahnhof, letztgültige Planfassung von Februar 1942

Modell der Nord-Süd-Achse über den Südbahnhof gesehen, nach Planfassung von Februar 1942

»Prachtstraße« ausmachte. Gesäumt von sämtlichen relevanten Partei- und Staatsbauten, Repräsentationsgebäuden der großen Wirtschaftsunternehmen sowie zahllosen Denk- und Ehrenmälern, war ihre Fertigstellung für 1950 vorgesehen. Im Rahmen einer »Weltausstellung« wollte man sie ihrer Bestimmung übergeben und Berlin in »Germania« umtaufen.

Die Realisierung derartiger Planungen setzte bewußt die Zerstörung der Stadt des 19. Jahrhunderts voraus. Dem »alten« Berlin, das zum Symbol des gesellschaftlichen Niedergangs und des sittlichen Verfalls erklärt wurde, sollte die »neue« nationalsozialistische Stadt entgegengesetzt werden. Etwa vier Prozent des Gebäudebestandes Berlins standen für »Germania« zur Disposition. Allein für die sieben Kilometer lange Prachtstraße war der Abriß von mehr als 25 000 Wohnungen einkalkuliert; darüber hinaus die Planierung unzähliger Büro- und Geschäftshäuser, Industrieanlagen, Kultur- und Sozialbauten sowie kirchliche Gebäude. Für die Gesamtplanung war man entschlossen, mehr als 54 000 intakte Wohnungen zu opfern.

Betrachtet man nun das von Speer entwickelte Straßenkreuz – das Grundmotiv der Planung –, das als Prinzip in der Folgezeit bis auf die kleinste »Gauhauptstadt« übertragen wurde und auch deren Herzstück, die »Prachtstraße«, so sind sie Ausdruck eines formalen Planspiels, bei dem Architektur und Stadtplanung zu einem additiven System von Achsen, Plätzen und Baukörpern verkommen waren. Einzelteile dieses Arrangements zeigen beispielhaft, daß Funktionalität und Zweckgebundenheit als planerische Kategorien ihre Verbindlichkeit verloren, Architektur zur Gestalterin von Oberflächen instrumentalisiert war. Insbesondere die von Speer selbst entworfenen »Höhepunkte« der Prachtstraße offenbaren die platte Reduktion auf die Modellierung von Fassaden, deren entscheidendes Kriterium ihre kalkulierte suggestive Wirkung auf den Betrachter darstellt. Stein für Stein, Gebäudeblock für Gebäudeblock demonstrieren sie die imperiale Perspektive der angestrebten Weltherrschaft[30]: so der gewaltige Südbahnhof mit seiner martialischen »Beutewaffenallee«, der 120 Meter hochragende klotzige Triumphbogen, den Speer »nach den Ideen des Führers« entwickelte, der wuchtige Bau des »Reichsmarschallamtes« als Kulissenpendant zur Soldatenhalle von Wilhelm Kreis und der als Stadtkrone gedachte »Große Platz« mit

oben: Südbahnhof, perspektivische Ansicht der Hauptfassade, Zeichnung um 1940

unten: Triumphbogen (»Bauwerk T«), Modell nach Plänen von Albert Speer, »ausgearbeitet nach den Ideen des Führers«, 1939

der »Großen Halle«, welches das »größte Bauwerk der Welt« sein sollte. Sie hatten die Kulissen des öffentlichen Raumes zu bilden, der zur permanenten Inszenierung des Macht- und Herrschaftsanspruches notwendig erschien. Das davon 1937 bis 1939 einzig realisierte, jenseits der Achse gelegene Gebäude der Neuen Reichskanzlei in der Voßstraße in Berlin-Mitte[31] zeigt diese »Fassaderie« besonders deutlich. Nicht die funktionale Bestimmung der Bauanlage war die planerische Aufgabe, son-

dern der Effekt ihrer Gestalt. Zwischen den Kulissen des Aussenraumes sowie denen der inneren Achse, auf die sich der Einsatz der architektonischen Mittel konzentrierte, wurden die realen Nutzflächen geklemmt und ergaben sich in ihrer Grundrißorganisation so aus der Willkür der formalen Bedingtheit. Die Bauaufgabe »Reichskanzlei« war damit ihrer utilitären Bestimmung, ihrer Gebrauchsfähigkeit beraubt. Entscheidend war allein die Wirkung der Oberflächen. Monumentalität verkam angesichts solcher Intentionen zu maßstabsloser Übergröße; Größe entglitt zu dimensionslosen Volumina. Die Gestaltung des Raumes wurde als jeweils der spezifischen Aufgabe adäquate Kulissendramaturgie begriffen, deren Einsatz Teil einer permanenten Inszenierung der Öffentlichkeit bedeutete. Die Fassaden bildeten das dialektische Pendant zur Formation der angetretenen Massen, die so in ihrer Wechselwirkung die leibhaftige Erfahrung der Autorität des Nationalsozialismus zu materialisieren hatten; sie waren reine Dekoration der Gewalt. Ihre Muster waren aus erstarrter, brutalisierter Steinmasse gewebt, die in der Betonung des vermeintlich Handwerklichen ihre künstlerische Dimension beziehen sollte. »Baukunst« verkam so zur Staffage, war ordnender Rahmen zum »Ornament der Masse« (Siegfried Kracauer), zu dem die Öffentlichkeit diszipliniert wurde.

Die totale Indienstnahme der »Architektur der Neugestaltung« durch den Nationalsozialismus als machtpolitisches In-

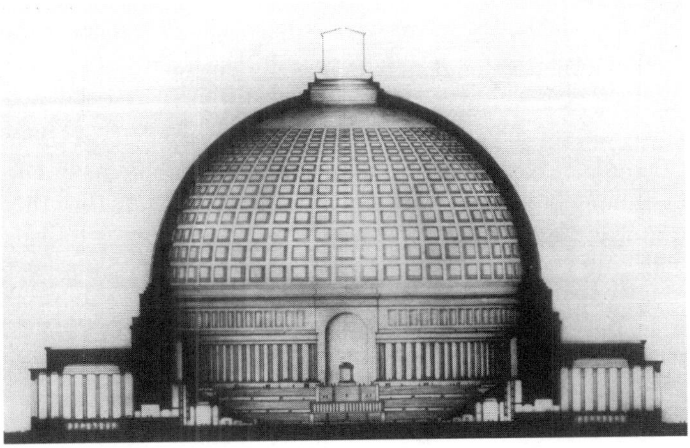

»Große Halle« am »Großen Platz«
oben: Modell nach Ideen von Albert Speer, »ausgearbeitet nach den Plänen des Führers«, 1942
unten: Schnittzeichnung mit Blick zur Rednertribüne, um 1939

Seite 86: Teilmodell der Nord-Süd-Achse im Abschnitt »Runder Platz« und »Großer Platz« mit der Kuppelhalle, 1942

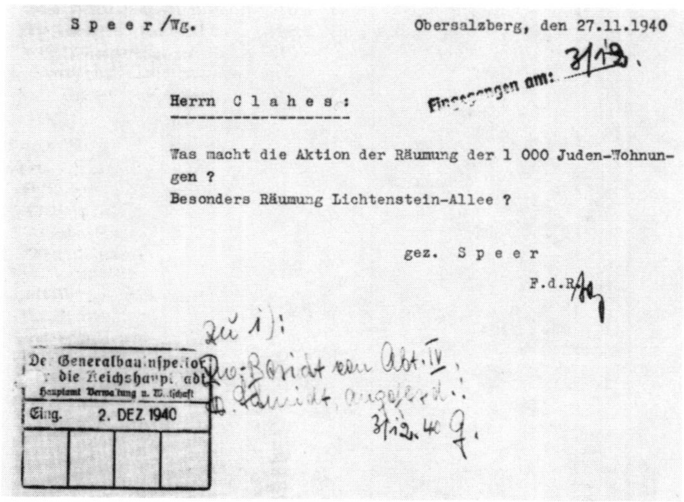

Speer/Wg. Obersalzberg, den 27.11.1940

Eingegangen am: 3/12.

Herrn Clahes:

Was macht die Aktion der Räumung der 1 000 Juden-Wohnungen ?
Besonders Räumung Lichtenstein-Allee ?

gez. Speer

F.d.R.

Der Generalbauinspektor für die Reichshauptstadt
Hauptamt Verwaltung u. Wirtschaft
Eing. 2. DEZ. 1940

strument stand dabei in Austauschbeziehung zur Rüstung und leitete bruchlos auf den Krieg über. In der Synthese von Architektur, Rüstung und Krieg, getragen von dem blutigen Rausch der Welteroberung und des Herrenmenschentums, offenbart sie sich als Ästhetik des Grauens. Die Kuppelhalle als Signet der angestrebten Weltherrschaft ist insofern nicht zu trennen von den Millionen Kriegsopfern, der »Triumphbogen« nicht loszulösen von der Zerstörung von Stadt und Land, der Vertreibung und Vernichtung Millionen von Juden sowie der Knechtung und Ermordung unzähliger KZ-Häftlinge. Sinnfälliger Ausdruck dieses Zusammenhanges ist die im Februar 1942 vollzogene Ernennung Albert Speers zum »Reichsminister für Bewaffnung und Munition«. Er und die maßgeblichen Abteilungen des G.B.I. managten fortan die deutsche Kriegs- und Vernichtungsmaschinerie. Die »Neugestaltung« hatte ihre Schuldigkeit getan. Sie fand im »totalen Krieg« ihre konsequente brutale Fortsetzung. Die systematisch vorbereitete, aber durch den angezettelten Krieg verzögerte Zerstörung Berlins durch die monströsen »Neugestaltungsprogramme« des »Generalbauinspektors« fand im Bombenhagel der Alliierten ihre grausame, ungeplante Vollendung.

Noch ehe die Städte vollends in Schutt und Asche fielen, wurde im »Ministerium Speer« ab Oktober 1943 der Wiederaufbau der Nachkriegszeit vorbereitet. Nur wenige Tage nach einer Rede vor den Reichsleitern der Partei und den Gauleitern, in der

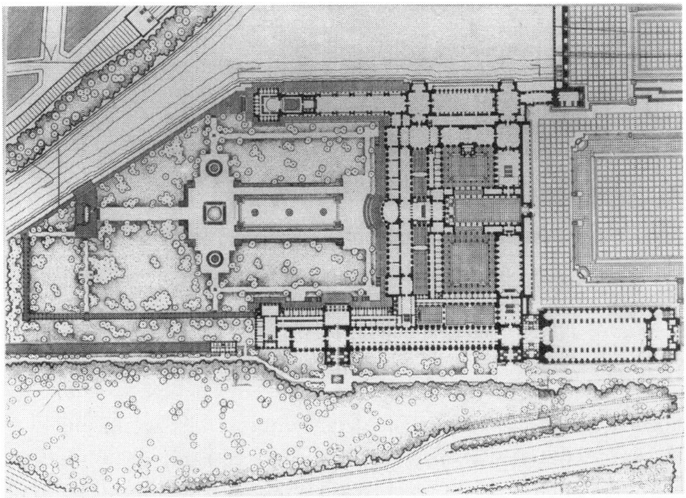

»Führerpalast« und Neue Reichskanzlei am »Großen Platz«
oben: Hauptgeschoß der Gesamtanlage, Planfassung von 1942

unten: Modellansicht des Haupteingangs mit »Führerbalkon«, 1942

Seite 88: Die Nachfrage Speers betraf die Räumung von Wohnungen für den geplanten Bau der dänischen und spanischen Botschaft am Südrand des Tiergartens.

Berlin, Mai 1945

Speer ausführte: »Ich bin ... der Meinung, daß, wenn wir den Krieg gewinnen wollen, wir auch in erster Linie die Opfer zu bringen haben«[32], ließ er sich von Hitler für die zukünftige Planung aller bombengeschädigten Städte des Reiches einsetzen. Den dafür organisierten »Wiederaufbaustab« übertrug er seinem engsten Mitarbeiter Rudolf Wolters. In ihm wurden die wichtigsten Architekten der G.B.I. zusammengefaßt und mit den Wiederaufbauplanungen der bombenzerstörten Städte betraut. In der Tat waren dann auch viele von ihnen – zum Teil federführend – während der Aufbauphase nach 1945 in den ihnen 1943 zugewiesenen Städten tätig. Jene Planungen dieser ersten Nachkriegsjahre, die letztlich das einleiteten, was wir inzwischen kritisch als »Zweite Zerstörung« begreifen, waren insofern noch eine Geburt des Nationalsozialismus: »Keine hochkünstlerischen Ideen mehr, sondern Sparsamkeit; eine großzügige Verkehrsplanung, die dem Ersticken der Städte durch Verkehrsnot entgegentreten sollte; industrielle Herstellung von Wohnungen, Altstadtsanierung und Geschäftshäuser in Zentren.«[33]

Albert Speer wurde im Nürnberger Kriegsverbrecherprozeß am 30. September/1. Oktober 1946 zu zwanzig Jahren Haft verurteilt. Gegenstand des Schuldspruches war seine Tätigkeit als »Reichsminister für Bewaffnung und Munition.« Als »Architekt des Führers« wurde er dagegen nicht zur Verantwortung gezogen, obwohl die in den Jahren bis 1942 dabei entfalteten politischen Aktivitäten von denen als Reichsminister nicht zu trennen sind.

1966 entließ man Speer aus der Spandauer Haft. Er starb am 1. September 1981 während eines Aufenthaltes in London.

Anmerkungen

1 Heinz Höhne, Hitler: »Bestellen Sie ihm, ich hab' ihn lieb!« in: Der-Spiegel, Nr. 37 vom 7. September 1981, S. 120.

2 Gregor Janssen, Das Ministerium Speer. Deutschlands Rüstung im Krieg, Berlin-Frankfurt/M., Wien 1968 (1. Auflage).

3 Erich Fromm, Anatomie der menschlichen Destruktivität, Stuttgart 1974, S. 302 f. In seinem Vorwort (S. XLLL) dankt Fromm Albert Speer, »der mündlich und schriftlich viel zur Bereicherung meines Bildes von Hitler beitrug.«

4 Vgl. Höhne (wie Anm. 1): »Noch ehe am 1. Oktober 1946 das Urteil gegen Speer erging ... hatte er bereits in seiner Zelle erste ›Erinnerungsfetzen an die zwölf Jahre mit Hitler‹ notiert, in denen Speers Saga Konturen erhielt. Speer schwebte ein vierteiliger Rechenschaftsbericht über seine Tätigkeit als Minister, Architekt und Freund Hitlers vor – ›offen und ehrlich‹ ... Erschienen sind schließlich: Albert Speer, Erinnerungen, Frankfurt/M.-Berlin-Wien 1969 (1. Auflage); Albert Speer, Spandauer Tagebücher, Frankfurt/M.-Berlin-Wien 1975 (1. Auflage); Albert Speer, Architektur. Arbeiten 1933-1942, Frankfurt/M.-Berlin-Wien 1978; Albert Speer: Technik und Macht, herausgegeben von Adalbert Reif, Eßlingen/Neckar 1979; Albert Speer, Der Sklavenstaat. Meine Auseinandersetzungen mit der SS, Stuttgart 1981.

5 Matthias Schmidt, Albert Speer. Das Ende eines Mythos [zusätzlicher Werbetitel: Die Aufdeckung seiner Geschichtsverfälschung]. Speers wahre Rolle im Dritten Reich, Bern, München 1982.
Schmidts Enthüllungen stützen sich im großem Maße auf Unterlagen und Hinweise von Rudolf Wolters, der jahrelang den Kassiberschmuggel aus dem Spandauer Gefängnis organisierte und die Speerschen Originalaufzeichnungen systematisch aufarbeiten ließ.

6 Die »Erinnerungen« stellten Speers erste Veröffentlichung nach der Spandauer Haft dar (vgl. Anm. 4). Ihnen lagen mehr als 2000 Kassiber Aufzeichnungen zugrunde, die dann mit Hilfe von Joachim C. Fest und Wolf Jobst Siedler zu den »Erinnerungen« verarbeitet wurden.

7 Abschrift einer Tonbandaufzeichnung eines Gespräches, welches der Verfasser mit Rudolf Wolters am 28. Februar 1974 in Coesfeld/Westfalen führte, S. 24. Die unveröffentlichte Maschinenschrift ist im Besitz des Verfassers.

8 Albert Speer, Architektur. Arbeiten 1933-1942. Mit einem Vorwort von Albert Speer und Beiträgen von Karl Arndt (Göttingen), Georg Friedrich Koch (Darmstadt) und Lars Olof Larsson (Stockholm), Frankfurt/M.-Berlin-Wien 1978.

9 Vgl. Joachim Petsch, Rückfall. Albert Speer – ein ›neoklassizistischer‹ Architekt, in: Frankfurter Rundschau, Nr. 173 vom 28. Juli 1979.

10 Speer (wie Anm. 8), S. 176 ff.

11 Lars Olof Larsson, Die Neugestaltung der Reichshauptstadt. Albert Speers Generalbebauungsplan für Berlin, Uppsala 1978. Obwohl das Buch sich ausschließlich mit Albert Speers »Neugestaltung« auseinandersetzt, wird auf den Protagonisten in keiner Weise persönlich eingegangen.

12 Aus einem Brief Albert Speers an seine spätere Frau, Margarete Weber, in: Speer, Erinnerungen, Frankfurt/M.-Berlin-Wien 1969, S. 27.

13 Die exakten Angaben zu seiner Studienzeit sowie der Tätigkeiten bei Heinrich Tessenow sind dem Fragebogen des Bundes Deutscher Architekten, Landesbezirk Baden, zur Aufnahme von Albert Speer entnommen. Speer stellte das Aufnahmegesuch am 7. April 1932. Einige spätere Angaben bzw. Datierungen entstammen dem Fragebogen zur Aufnahme in die »Reichskammer der bildenden Künste, Fachverband der Architekten« . Beide Dokumente sind in der Akte »Speer, Albert« des ehemaligen Berlin Document Center (BDC) überliefert.

14 Nach seinem programmatischen Hauptwerk »Handwerk und Kleinstadt«, welches HeinrichTessenow (1876-1950) in erster Auflage 1919 veröffentlichte.

15 Vgl. Antrag-Fragebogen für die Aufnahme in die »Reichskammer der bildenden Künste, Fachverband der Architekten«, Berlin Document Center (BDC).

16 Vgl. Antrag-Fragebogen für die Aufnahme in die »Reichskammer der bildenden Künste ...« (wie Anm 15).

17 Antrag-Fragebogen für die Aufnahme in die »Reichskammer der bildenden Künste ...« (wie Anm. 15).

18 Schon 1933 wird Speer zum »Amtsleiter für künstlerische Gestaltung der Großkundgebungen in der Reichspropagandaleitung«, ein Jahr später zum » Leiter des Amtes Schönheit der Arbeit in der Deutschen Arbeitsfront« ernannt.

19 Paul Ludwig Troost, »der Baumeister des III. Reiches«, wie ihm auf seinem Grabstein offiziell bescheinigt wurde, erblickte 1878 in Elberfeld das Licht der Welt. In München erlangte er eine gewisse Bekanntheit mit einer Reihe von Villenbauten. Überregional verband man seinen Namen mit den opulenten Innenausstattungen der Lloyddampfer »München«, »Berlin«, »Europa« und »Columbus«. Mit dem Umbau des sogenannten Braunen Hauses, der Parteizentrale der NSDAP, empfahl er sich schließlich Hitler. Noch ehe seine Bauten für »Führer und Partei« am Königlichen Platz in München fertiggestellt werden konnten, verstarb er im Januar 1934.

20 Nach dem von Albert Speer 1941 herausgegebenen programmatischen Buchtitel, welcher im »Volk und Reich Verlag« (Berlin-Amsterdam-Prag-Wien) erschien.

21 Vgl. Heinrich Tessenows gleichnamiges Buch, welches, 1916 erstmals erschienen, die wesentlichen Momente seines Architekturgebäudes zusammenfaßt.

22 Werner Marchs erste Entwurfsfassung von 1934 sah ein Stadion vor, welches in seiner äußerlichen Erscheinung weitgehend von klaren, konstruktiv bedingten Formen geprägt war. Bestimmende Materialien waren hierbei Stahlbeton und Glas. Aufgrund massiver Interventionen Hitlers, der diesen Entwurf ablehnte, wurde Speer hinzugezogen, der im »kollegialen« Zusammenwirken mit March dann die um »Tausendjährigkeit« bemühte Natursteinfassung entwickelte.

23 »Niederschrift der Stadt Berlin über eine Besprechung beim ›Führer‹ am 28.6.1935 über geplante Verkehrsbauten sowie die Frage des zukünftigen Architekten für Berlin«, in: Bundesarchiv Koblenz, BA R 43 I1/1181(5 Blatt). Der im Text erwähnte »hervorragende Bildhauer« war Emil Hipp.
24 Parallel dazu bearbeitete Speer noch die umfangreichen Planungen zum Reichsparteitagsgelände Nürnberg.
25 Siehe dazu ausführlicher Hans J. Reichhardt/Wolfgang Schäche, Von Berlin nach Germania. Über die Zerstörungen der Reichshauptstadt durch Albert Speers Neugestaltungsplanungen, Berlin 1984, S.35 f.
26 Vgl. dazu Reichhardt/Schäche (wie Anm. 25), S. 45/46.
27 Ihre juristische Grundlage hatten diese im »Gesetz zur Neugestaltung deutscher Städte« vom 4. Oktober 1937.
28 Im Gegensatz zu den Bauten der ersten Phase bis 1937 hatten die im Rahmen der »Neugestaltungen« entwickelten Bauten im engeren Sinne keinen Gebrauchswert bzw. war dieser nicht von Bedeutung. Ihr Nutzeffekt lag im politisch-ideologischen Bereich, in ihrer herrschaftstechnischen Funktion sowie im ökonomischen Bereich, in der Realisierung ihres Tauschwertes. Das hierbei angewandte Architekturprinzip richtete sich demzufolge primär auf die formalästhetische Ebene des Bauens.
29 Vgl. »Übersicht über abgerissene Wohnungen, Stand: 28. Februar 1941«. Aktenbestand des G.B.I. im Landesarchiv Berlin, Pr. Br., Rep. 107, Br. 231.
30 Siehe dazu ausführlicher Wolfgang Schäche, »Bauen im Nationalsozialismus: Dekoration der Gewalt«, in: 750 Jahre Architektur und Städtebau in Berlin. Die Internationale Bauausstellung im Kontext der Baugeschichte Berlins [Ausstellungskatalog], herausgegeben von Josef Paul Kleihues, Stuttgart 1987, S. 198 ff.
31 Dazu grundlegend Angela Schönberger, Die Neue Reichskanzlei von Albert Speer. Zum Zusammenhang von nationalsozialistischer Ideologie und Architektur, Berlin 1981. Sie widerlegt hier u.a. die Speers »Organisationsgenie« stützende Legende der nur zehn Monate Planungs- und Bauzeit seit der Auftragserteilung, die er angeblich für die Errichtung der Neuen Reichskanzlei benötigte.
32 Speer (wie Anm. 12), S. 325.
33 Speer (wie Anm. 12), S. 328.

Klaus Maria Brandauer mit Wolfgang Schäche, Januar 1998
Foto: Jim Rakete

Klaus Maria Brandauer · Wolfgang Schäche

Rolle und Charakter: Ein Gespräch über Albert Speer, das Stück von Esther Vilar und die Aktualität der Geschichte

SCHÄCHE: Die Rolle des Albert Speer im »Dritten Reich« ist trotz aller Bemühungen noch nicht hinreichend aufgearbeitet worden – bis heute ist das, was wir von ihm wissen, in erster Linie die Idee, die Speer selbst von sich hatte und die er nicht müde wurde bis zu seinem Lebensende sorgfältig und kontinuierlich zu verbreiten. Nahezu alle bisherigen Versuche der Aufarbeitung bis hin zu dem 1995 erschienenen Speer-Buch von Gitta Sereny, die sich expressis verbis um »das Ringen mit der Wahrheit« bekümmerte, sind nachhaltig von seinem selbst fabrizierten Bild bestimmt. Wie sehen Sie die Person und die Rolle des Albert Speer und die Frage seiner Selbstinszenierung?

BRANDAUER: Albert Speer stellt sich für mich zunächst durch das bißchen Unterricht in der Schule dar. Man soll es nicht glauben, unser Lehrer hatte es sich zur Aufgabe gemacht, damals auf dem Gymnasium im Deutsch- und Geschichtsunterricht, mit uns über die Zeit, über die sehr gerne manche Lehrer damals geschwiegen haben, zu sprechen. Und Speer stellt sich durch diesen Unterricht dar als ein – heute würde man sagen Macher oder Machertyp, der versucht hat, seiner Zeit ein Bild zu geben, seine Zeit zu formen. Und das konnte ihm gelingen, weil er Berufe hatte, durch die man das erreichen kann: Er beschäftigte sich mit Architektur und später mit einem Büro, wo man – es war ja Krieg – Strukturen schaffen kann, die diesen Krieg für das Land siegreich machen. Durch die Verhandlung in Nürnberg und durch das Urteil, das ihn milder traf als die meisten anderen Mitangeklagten, hatte man von Anfang an – vermittelt auch in diesem Unterricht und auch durch den Bericht meines Lehrers – das Gefühl, daß es sich hier um einen Verführten handelte. Und diesem Eindruck gab Speer nach seiner Rückkehr ins Leben auch mir, als ich dann erwachsen war, neue Nahrung. Denn man hatte das Gefühl, daß ja jemand einen Läuterungsprozeß durchgemacht hat. Wenngleich eine gewisse Glätte mir in seiner Person auffällt, aber da muß man sehr vorsichtig sein, denn ich habe ihn nie kennengelernt. Ich kenne ihn eigentlich nur medial aus Interviews, aus Büchern, aus zweiter, aus dritter Hand. Aber ich wäre nie drauf gekommen, daß er so involviert war als Berater, als Durchführer im »Dritten Reich«, daß man zum Schluß kommen kann, daß er viel mehr belastet ist als es den Eindruck hatte zur Zeit des Prozesses in Nürnberg oder zur Zeit seiner Rückkehr ins normale Leben. Und erst jetzt, durch die Beschäftigung mit Esther Vilars Stück und die Zusammenkünfte mit Ihnen und Lukas Leuenberger, ist mir aufgefallen, daß sich hier eine Schattenseite zwischen dem Charakter und seiner Rolle aufgetan hat.

SCHÄCHE: Ist, um diese Metapher aufzunehmen, der Schatten nicht derart schlagend, daß Speer im Grunde genommen der Raffinierteste, ja auch der Unmoralischste dieser Führungsclique des Nazireichs gewesen ist, der ganz kühl Kalkulierende, das Technokratenhirn, das sich jeweils klug auf die richtige Seite zu bringen verstand?

BRANDAUER: Ich bin natürlich bereits infiziert, seit ich über die Figur Speer tiefer nachzudenken habe, und zwar in einem Sinn, der mit meinem Beruf des Schauspielers, des Regisseurs zu tun hat. Und da habe ich mir zur Aufgabe gemacht, eigentlich nicht gemacht, sondern es ist so gewachsen in mir: Ich muß etwas, was ich darstelle, mit einer gewissen Vorsicht betrachten. Ich muß für eine Figur werben. Mich interessiert am Speer, warum er völlig freiwillig sich in den Bann dieser Mörderbande begeben hat, dort blieb, dort wichtige, wichtigste Aufgaben übernommen und nicht versucht hat, diesen Aufgaben zu entkommen. Ich suche sogar für den Beginn seiner Tätigkeit im »Dritten Reich« Entschuldigungsgründe zu finden. Das ist meine Aufgabe. Ich finde es aber nicht nur als Theatermann aufregend, diese zu suchen, sondern auch über den Theaterbereich hinaus, weil ich davon ausgehe, daß sehr wenig Engel auf dieser Welt sind, sondern eher Engelchen und Bengelchen und Bengel und Teufelchen und Teufel. Und aus diesem Grund bin ich immer noch nicht in der Lage, obwohl ich jetzt mehr informiert bin als vorher, eine Beurteilung auszusprechen. Ich glau-

Klaus Maria Brandauer, Esther Vilar und Peter Simonischek, Januar 1998
Foto: Jim Rakete

be, es geht auch gar nicht um eine Beurteilung. Es geht einfach darum, einen Menschen in einer gewissen Zeit einzuschätzen – und da müssen wir sagen, die Zeit organisieren wir uns ja nicht, die Zeit kommt zu uns. Was wäre denn mit mir geschehen, wenn ich in der damaligen Zeit gelebt hätte, erwachsen gelebt hätte und die Möglichkeit gehabt hätte, wichtige Aufgaben zu übernehmen, sagen wir als Theaterdirektor oder Filmregisseur? Und wenn dies die einzige Möglichkeit gewesen wäre, sich zu realisieren, wie weit man mit dem Strom der Zeit mitschwimmen kann, mitschwimmen darf, mitschwimmen soll? Oder ob man sich dagegen stemmen muß.

Schäche: Das führt mich auf eine weitere Ebene. Es macht beklommen, daß Speer – ganz im Gegensatz zu der Zeit, die er ja als politischer Repräsentant maßgeblich mittrug –, daß er über alle Schwierigkeiten hinweg stets Sieger war. Er war der Lieblingsschüler seines großen Lehrers Heinrich Tessenow, obwohl er zum Architekturstudium gezwungen wurde, viel lieber Mathematik studiert hätte. Er brachte sich im rechten Moment in die Nähe Hitlers, wurde dessen erwählter Baumeister und konnte hoffen, als neuer Phidias in die Geschichte des 20. Jahrhunderts einzugehen. Er wurde im Machtkalkül der streitenden Kräfte der Partei, als die Architektur ausgeträumt war, Minister für Bewaffung und Munition und damit zweitwichtigster Mann des Regimes. Im Kriegsverbrecherprozeß konnte er durch seine Büßerhaltung, sein Einräumen von ideeller Schuld, seinen Kopf aus der Schlinge ziehen. Seine zwanzigjährige Spandauer Haft nutzte er geschickt zur Vorbereitung seiner dritten Karriere als Bestseller-Autor. Und schließlich und endlich noch im Tode wurde er letztlich Sieger über seine eigene gefrorene Gefühlswelt. ... Wer war eigentlich dieser Speer?

Brandauer: In diesem Zusammenhang fällt mir ein, daß ich einen großartigen Theatermann, Schauspieler und Regisseur, kennengelernt habe anläßlich von Dreharbeiten vor ungefähr 15 Jahren in einem osteuropäischen Land. Er war Theaterdirektor von 1938 bis 1980 mit wenigen Unterbrechungen, und der hat sozusagen drei diametral entgegengesetzte Systeme überlebt als Theaterdirektor und Künstler und während dieser drei Systeme auch mehrere Machtwechsel innerhalb der Systeme. Und ich habe ihn gefragt, wie das möglich ist. Und er sagte: ganz einfach, ganz einfach, weil ich gut war. Das war sehr entwaffnend, ja? Natürlich macht einen das schon sehr nachdenklich, denn wir wissen, wie man sich manchmal raufen muß, um überhaupt die Voraussetzungen zu bekommen, daß man etwas produzieren kann. Das bedeutet aber: einen Minister, von dem ich Geld erwarte, damit ich womöglich ein Produkt erstelle, um ihn, von dem ich das Geld bekomme, auch noch kritisieren zu dürfen, den wird man wahrscheinlich nicht bös' angehen, sondern so angenehm und so opportun, wenn Sie wollen, mit ihm umgehen, damit man erreicht, weiterarbeiten zu können. Das sehe ich auf einer langen Strecke auch bei diesem Speer. Daß man von Menschen gefördert wird – da kann ich nur sagen, hätte ich Fritz Kortner nicht getroffen, dann im späteren sehr viele wichtige Menschen für mich wie Friedrich Heer, Karl Paryla, Friedrich Torberg, Ernst Haeusserman ..., da ging vieles über persönliche Zugänge zu Menschen, von denen ich fasziniert war. Nun war da kein Hitler drunter, Gottlob. Aber wo ich so langsam erwachsen werde, und das wird man nicht nur zwischen 14 und 20, sondern das Erwachsenwerden durchzieht ja fast ein ganzes Leben, bin ich immer sehr, sehr vorsichtig, über jemanden den Stab zu brechen. Im Fall Speer, das muß ich jetzt sagen, liegen die Fakten so deutlich zutage, daß er sich schuldig gemacht hat, und zwar auf eine zunächst sehr unspektakuläre Weise. Aber wenn wir daran denken, im Zusammenhang mit seiner Bautätigkeit eben am Pariser Platz hier in Berlin, daß eigentlich er es war, der die Delogierung der dort wohnenden Menschen angeregt hat und dabei die jüdischen Bürger, die dort auch gelebt haben, nicht befriedigt hat, indem man für sie andere Wohnungen besorgt hat wie für die »arischen« Familien, sondern den Vorschlag gemacht hat, sie in eine Barackenstadt oder in irgendein Ghetto abzuschieben, so kann man jetzt schon sagen: Er war lange, bevor auf der Wannseekonferenz so etwas ins Auge gefaßt wurde, Mitbegründer, ja, Erfinder der Verfolgung!

Schäche: Ja, es scheint, Speer hat das offenbar mit vorbereitet; es gibt eine direkte Linie von den von ihm systematisch betriebenen Entmietungsaktionen bis hin zu den barbarischen Deportationen.

Brandauer: Es ist natürlich entwaffnend, wenn er in seinen »Erinnerungen«, aber auch in Interviews sagt, daß er sich für den Holocaust persönlich verantwortlich fühlt. Jemandem, der das tut, muß man zunächst einfach mal zubilligen, daß er das wirklich auch meint. Und dann fragt man sich: Wie kommt ein Mensch in diese Schräglage und in Verbindung mit Massenmord? Das ist es ja wohl. So daß man oft denkt, das, was wir machen, nämlich im weiteren Sinne Theater, ist gar nicht in der Lage, dieses Thema zu entschlüsseln, zu enträtseln, sondern man kann das nur als Anlaß nehmen für ein Innehalten, über solche Charaktere, über solche Karrieren, über ein solches Leben zu sprechen. Und uns klarzumachen, daß der Beruf und das Wollen, in seinem Beruf gut zu sein, bis zum Fanatischen erfolgreich sein zu wollen, nicht das Lebenselexier, nicht der Lebenszweck ist, sondern daß es eine moralische Instanz gibt in einem selber, das eigene Gewissen, das es einem eigentlich verbietet, bei solchen Handlungen, Machenschaften dabei zu sein. Was gab es da für Irritationen im moralischen Kostüm dieses Menschen, um auf einen solchen Weg zu geraten? Und wenn man das alles erlebt hat und schuldig geworden ist: Wie komme ich da wieder heraus, komme ich überhaupt raus, wie lebe ich damit weiter?

Schäche: Esther Vilar hat sich mit ihrem Stück dieser immer noch schillernden oder mehr denn je schillernden Gestalt Speers auf künstlerischer Ebene angenommen, und damit eine weitere Dimension zu seiner Entschlüsselung in die Diskussion eingeführt. Worin sehen Sie, bezogen auf die Auseinandersetzungen um Speer, die besondere Qualität dieses Stückes? Was interessiert Sie an diesem Stück?

Brandauer: Mich interessiert zunächst einmal die Ausnahmesituation. Das Stück spielt an einem Ort, nämlich in der alten Akademie der Künste am Pariser Platz in Berlin, in einem Raum, in dem tatsächlich das Modell der geplanten »Welthauptstadt Germania« stand, wo eben Albert Speer und Adolf Hitler sozusagen in einer »Märklin-Eisenbahn-Situation« gespielt haben.

Schäche: Mit der Welt gespielt haben im Vorgriff auf die geplanten Kriege ...

Akademie der Künste, Großer Ausstellungssaal
mit der Raumgestaltung von Hans Hoffer, 1998
Foto: Jim Rakete

Brandauer: Mit der Welt gespielt haben und gemeinsam, wie Speer sich ausdrückt, einen großen Traum hatten. Man muß sich ja vorstellen: 1937 wurde etwas in Auftrag gegeben, was 1950 vollendet hätte sein sollen. Und an diesem authentischen Ort haben wir die Möglichkeit, dieses Stück, diesen Diskurs von Esther Vilar zu zeigen, umgeben von einer Bautätigkeit, die momentan nirgendwo auf der Welt in der Stärke und Dichte zu finden ist. Das heißt, 1998 wird genau dort gebaut und auf genau denselben Flächen, die eigentlich 1937 in ganz anderer Sinngebung belegt wurden. Also das ist schon mal eine brisante Ausnahmesituation, die natürlich uns alle, die wir vom Theater sind, begeistert: Wir sind dort, wo es passiert ist. Ich war ein paarmal in diesem Raum, und ich habe immer gedacht: Irgend etwas muß sprechen, irgendein Atem muß sein in diesem Raum. Aber wenn ich nicht informiert wäre, was das für ein Raum ist, würde mir an diesem Raum nichts Besonderes auffallen. Das ist ein Strang in dem Stück, der mir sehr gut gefällt. Und dann gefällt mir, daß es nicht nur um Speer geht und nicht ein Mensch verurteilt werden soll, sondern daß er Anlaß ist, über vieles nachzudenken, was ich vorhin schon angedeutet habe. Speer bedeutet auch die Erfindung einer neuen Berufssparte, nämlich das, was in Amerika Managertum, Management heißt. Und wir müssen sagen, einer der Begründer dieses modernen Managements ist natürlich Speer. Alle Aufgaben, die er übernommen hat, hat er perfekt erfüllt. Wenn wir noch dazunehmen, was Sie vorher gesagt haben: daß er immer bei einem Wichtigen, bei dem er gelernt hat, sehr schnell Liebkind war und sehr schnell die Kronprinzenrolle spielte; und wenn wir weiter dazunehmen, daß oft der, dem er nachfolgte, vorher zu Tode kam, man spekulieren kann, daß es sich dabei um einen nicht natürlichen Tod handelte, so kann man sagen, daß hier jemand am Werk war, der tatsächlich den Willen hatte, in das Räderwerk der Geschichte eingreifen zu wollen. Das heißt, ein Architekt – also nicht nur von Bauwerken, sondern ein Lebens-Architekt, der unter allen Umständen sein eigenes Leben bauen wollte, und zwar – im übertragenen Sinn – vom »Zimmer-Kuch'l-Kabinett« bis zu den schönsten Türmen. Und der für sich in Kauf genommen hat, daß dort, wo gebaut wird, natürlich auch zerstört wird.

Schäche: Wie er es in dem Stück auch explizit ausdrückt.

Brandauer: Wie er es in dem Stück sagt, ja. Und dann haben wir das, was die Esther Vilar völlig richtig versucht hat zu beschreiben: den Typus des Karrieristen, des Opportunisten, den Typus eines, der unter allen Umständen das höchste Gebäude, die längsten Straßen bauen will. Der in jedem Fall sich selber projizieren will auf eine Art, daß, auch wenn man nicht mehr lebt, etwas bleibt. Und durch diese, verbrämt – ich sage absichtlich ›verbrämt‹ – künstlerische Tätigkeit sich einen Platz in der Ewigkeit sichern möchte. Ich halte das für eine Krankheit. Aber was sind die Symptome, was sind die Ursachen, ist das genetisch bedingt? Wenn wir die Familie Speer, so wie Sie sie kurz beschrieben haben, anschauen, dann stammt er ja nicht von Ivan dem Schrecklichen ab, das ist kein Cesare Borgia. Was geschieht also in einem Menschen, der in einem gediegenen Elternhaus in Mannheim aufwächst, der Weihnachten feiert und Ostern und eigentlich ein ziemlich durchschnittlicher Mensch ist? Bei seinem Arbeitsvolumen müßte er eigentlich 24 Stunden am Tag ständig unterwegs gewesen sein wie ein Schachspieler, der unzählige Partien gleichzeitig spielt und alle gewinnen will, und zwar mit einem Schach-Matt. Und wie er auch in Vilars Stück sagt: Wenn man schon den Auftrag hat, die »Welthauptstadt« zu konzipieren, dann braucht man dazu auch eine Welt. Und das heißt, wenn wir selber nicht groß genug sind, dann müssen wir etwas erobern. Das heißt, sein Lebenstraum impliziert zuerst unbewußt und dann sicherlich immer bewußter, Eroberung, Konquistatorentum, Zerstörung.

Schäche: Welche Intention verbinden Sie mit dem »Speer« von Esther Vilar und wie sehen Sie diese Arbeit im Kontext zu Ihren anderen Arbeiten?

Brandauer: Ich habe mich mit meiner Theaterarbeit und auch in der Filmarbeit, vor allen Dingen durch die Trilogie der Filme »Oberst Redl«, »Hannussen« und dann »Mephisto« intensiv mit den letzten hundert Jahren in Mitteleuropa beschäftigt. Und diese Arbeit hat weiterhin einen Niederschlag gefunden, in »Georg Elser, einer aus Deutschland«, »Mario und der Zauberer« und »Spinnennetz«. Und als dann die Speer-Geschichte auf mich zukam, habe ich gedacht, mein Gott, Vorsicht, jetzt komme ich mir vor wie ein Spezialist für diesen Themenkreis. Und ich hatte früher viele Angebote aus diesem Bereich ausgeschlagen, weil ich das Gefühl hatte, mit diesen Arbeiten erreichen wir ein Publikum, das ohnehin unserer Meinung ist. Und wir kriegen nicht das Publikum, das wir erreichen wollen, nämlich das, das noch nicht oder nur ein bißchen unserer Meinung ist. Und aus diesem Grund habe ich mir überlegt, man müßte vielleicht trickreicher arbeiten, und im Sinne von Wahrheitsfindung ist das auch zulässig. Denn ich will keinen Universitätsvortrag im Theater, sondern natürlich Unterhaltung. Und deswegen bekam »Speer« eine Chance. Geschrieben wurde es von der Esther Vilar, und das meine ich in keiner Weise als Kritik, sondern sehr positiv, fast als ein boulevardesker Reißer, etwa in der Art, wie Hitchcock Kriminalfilme inszeniert und geschrieben hat. Und irgendwie habe ich das Gefühl, daß ich, bei allem Stolz auf meine früheren Arbeiten, mit diesem Stück etwas weiterkommen kann, denn es ist tatsächlich eine Unterhaltung zu einem Thema, das uns oft zum Hals heraushängt, mit dem wir oft nichts mehr zu tun haben wollen, das uns lästig wird, ja. Und vor allen Dingen ist es uns dann lästig, wenn wir selber zu urteilen versuchen, oder wenn andere darüber urteilen wollen und uns, die als Mitteleuropäer, als Deutsche, als Österreicher erstrangig mit diesem Thema verbunden sind, verurteilen wollen, selbst als die Nachgeborenen. Als ich jung war, hatte ich große Schwierigkeiten, mich auf dieses Thema einzulassen, und meine Freunde und ich haben uns bemüht, mit diesem Unbehagen auszukommen – und zwar so, daß wir zunächst mal keine Wertungen setzten, sondern dem Phänomen dieses Abrutschens, dem Phänomen der Katastrophe menschlichen Handelns und Denkens auf die Spur zu kommen suchten und vor allen Dingen fragten, in welchem kleinsten Maß uns das täglich passieren kann und passiert. Und dann sind wir auf einer Ebene, nicht des Verständnisses, aber des Bewußtseins, daß wir in der Geschichte solches Fehlverhalten, solche Katastrophen immer hatten, haben und, Gott sei 's geklagt, haben werden. Das heißt, wir können uns davor nur präventiv schützen, indem wir uns unterhalten, ohne vorschnell Urteile abzugeben. Und das bedeutet, wenn wir an Herrn Speer herangehen: es geht nicht darum,

Klaus Maria Brandauer und Peter Simonischek,
Probengespräch im Großen Ausstellungssaal im Januar 1998
Foto: Jim Rakete

ihn nachzuverurteilen, sondern darum in uns den Speer zu suchen. Das Interessante am »Dritten Reich« und seiner Mörderbande ist nicht die Auseinandersetzung mit Adolf Hitler, den können wir bitte vergessen. Mich interessiert der überhaupt nicht, sondern mich interessieren die, die das zulassen, die das ermöglichen, um die Ermöglicher geht es, und deshalb ist eine Figur wie Speer ein hervorragendes Thema, das ganze Phänomen dieser fehlgeleiteten Menschen in dieser grauenvollen Zeit aufzuarbeiten. Daß es nicht zu Ende ist, das wissen wir. Wer hätte sich je träumen lassen, daß in Bosnien nicht nur Krieg ausbricht, aus ethnischen Gründen, sondern daß dort grauenvolle Massaker stattfinden, mitten in Europa.

Schäche: Worin unterscheidet sich denn beispielsweise der von Ihnen dargestellte Höffgen im »Mephisto« von Albert Speer, sowohl im menschlichen Verhalten wie im Verhältnis zu Beruf und Karriere im Nationalsozialismus? Gibt es vielleicht gar keine wirklichen qualitativen Unterschiede und umsomehr Analogien? Ist Speer nicht jemand, der uns einmal mehr so etwas wie das faustische Prinzip vor Augen führt?

Brandauer: Um zunächst auf die drei wichtigen Figuren, die ich vorher angesprochen habe, zurückzukommen: bei Heinrich Höffgen in »Mephisto« handelt es sich um einen Opportunisten. Bei Oberst Redl handelt es sich um einen Loyalisten. Der konnte sein Leben nicht leben, weil an der Wand in der Küche bei den Eltern, seinem Eisenbahnervater, ein Bild war, und da hieß es, dem mußt du dankbar sein. Das war Kaiser Franz-Josef. Der kam gar nicht zu seinen eigenen Lebensmöglichkeiten, weil er immer jemandem dankbar war oder ein Untertan war. Und dann Hannussen, der Hellseher, der natürlich keiner war oder jedenfalls bloß ein so guter Hellseher war, wie wir es auch sind, war ein Möchtegern-Individualist. Und nun komme ich zu Speer, dem Manager schlechthin, der eben managt, und zwar unabhängig von irgendeiner persönlichen individuellen Regung. Der hat eine Flagge, und der will etwas durchsetzen. Das heißt groß, weiter, vorwärts, Zukunft und Überleben, indem etwas bleibt, was man gemacht hat. Und da, würde ich sagen, geht der über Leichen, und zwar ausnahmslos. Höffgen, wie wir wissen, schützt rassistisch Verfolgte.

Irgendwie angekränkelt sind alle drei anderen Charaktere. Dieser Speer, wenn wir ihn wirklich von allen Seiten betrachten, ist jedoch eine Ausnahme. Der steht wirklich außerhalb von allen Figuren, die ich bisher versucht habe darzustellen. Er ist eigentlich nicht faßbar, ja, im Grunde genommen auffallend unscheinbar. Eine fast durchschnittliche Erscheinung, und nur aufgrund dessen, was er bewerkstelligt hat, auffällig. Und nun auf einmal ertappt man sich, wenn man in seinen Büchern herumschmökert, wieviel Bewunderung einem das abringt. Zum Beispiel im fast schon zerstörten Deutschland noch zwei Jahre eine Produktionsmaschinerie auf die Beine zu stellen, die die höchste Produktivität erreicht, die bis dahin in Deutschland jemals erreicht wurde. Und da spielt es dann schon fast keine Rolle mehr, daß da Fremdarbeiter dabei waren, Gefangene zur Arbeit gezwungen wurden, die deutschen Frauen in den Fabriken waren. Denn das beruhte auf einer phantasievollen, und ich sage das absichtlich, bei ihm ist das ja merkwürdig, daß man bei ihm auch von Phantasie spricht, Logistik, die ja ihresgleichen sucht und die ja weltweit Bewunderung hervorgerufen hat. Ein einziger Mensch verlängert um zwei Jahre einen Krieg, und natürlich auch das Töten, was in dem Diskurs ja auch zur Sprache kommt. Hätte nicht, da wir von der Affinität von Hitler zu Speer und umgekehrt wissen, hätte nicht dieser Speer viel verhindern können? Warum hat das nicht stattgefunden? Also ich bin froh, daß ich es mit dieser Ausnahmesituation von einem Charakter zu tun habe, jedenfalls in dem Stück von Esther Vilar.

Schäche: Es geht auf der einen Seite um eine zeithistorische Dimension, die sich mit der Person Speer verbindet, und dann um ganz viele Segmente von dem, was wir als Menschliches und Allzumenschliches ansehen. Kann man denn, in der heutigen Zeit, die ja nun alles andere als politisch reflektierend ist, so ein Stück, von dieser Inhaltlichkeit, bringen und wird es verstanden?

Brandauer: Die Leute sagen, wir sind in einer politiklosen Zeit, in einer Zeit der Politikverdrossenheit und lasten das den Politikern an. Viele Menschen sagen, ich will mit Politik nichts zu tun haben. Das ist auch eine politische Aussage, aber sie ist saudumm. Denn das heißt, man interessiert sich nicht einmal für sich selbst, denn wo lebt man denn? In einer Gesellschaft. Also, kümmern wir uns um die Gemeinde, um die Region, um das Land. Ich kann nur sagen, Freunde, interessiert euch selbstverständlich dafür, ob die Parkbank grün oder rot ist und regt euch auf, und wenn ihr wollt, daß sie gelb ist, macht eine Unterschriftensammlung oder laßt euch in den Gemeinderat wählen. Voraussetzung ist natürlich, daß man an etwas glaubt, ein Ziel hat.

Herr Höffgen, im »Mephisto«, glaubte an etwas, und wenn es nur sein Talent war, das reicht schon, das ist ein Glaube. Der Herr Redl glaubte an den Kaiser Franz-Josef, und als er dann endlich an sich selbst glaubte, hat er sich leider umgebracht. Das war seine erste freie Tat. Das ist peinlich, daß man mit 40 Jahren sich umbringen muß, aber immerhin, kam er noch dazu, sich zu befreien. Hannussen hat die Geister, wie der Zauberlehrling, gerufen und wurde sie dann nicht los. Nur, bei ihm kam der Meister nicht, sondern er ging unter. Und als er von SS-Schergen, mit denen er natürlich, auch im Sinne der Macht, gepackelt hat, im Grunewald erschossen wurde, hat er auch sicherlich noch etwas von dieser Existenz gelernt und mitgenommen. Sollte es eine zweite geben, hat er bessere Voraussetzungen. Irgendwie, denke ich, daß auch der Hitler an etwas geglaubt hat, vielleicht nur an sich oder an seine Vision, für uns eine Horrorvision. Aber bei Speer habe ich das Gefühl, der glaubte an gar nichts, der hatte nicht einmal einen Glauben an sich, denn wer an sich glaubt, hat gewisse Moralvorstellungen. Wenn Hitler sagt, von dem Juden Einstein lasse ich mir keine Atombombe bauen, und damit riskiert, daß er einen Krieg verliert, einfach, weil er diese Waffe nicht hat, ist das, halten zu Gnaden, in seinen pathologischen Maßstäben ein »moralischer« Umgang. Bei Speer, finde ich nichts dergleichen. Herr Speer hat überhaupt gar keine Perspektive, außer der, daß er in jeder Situation zu agieren weiß; die Amerikaner sagen »he knows all answers«, und das ohne eine Reflexion über das, was gewesen ist. Wenn überhaupt Überlegungen, dann in der Form: wie groß, wie weit, wie wichtig, wieviel? Und das nenne ich krank, das ist krank, ja.

Schäche: Das Stück will nicht zeitgeschichtliche Dokumentation betreiben, sondern das Verhältnis von Macht und Individu-

Wolfgang Schäche, Lukas Leuenberger, Klaus Maria Brandauer, Peter Simonischek, Hans Hoffer mit Esther Vilar, Januar 1998
Foto: Jim Rakete

um, von Recht und Unrecht, Stärke und Schwäche. Verantwortung und Verdrängung, Überzeugung und Opportunismus am Beispiel einer historischen Person thematisieren. Gleichwohl hält es sich in den entscheidenden Aussagen an historische Fakten. Welchen Stellenwert hat dabei die Überlagerung und Verknüpfung der historischen Person, also Speer, mit der Figur des Bauer, also mit der Geschichte der DDR?

Brandauer: Das ist eigentlich das Geheimnis des Stückes: der Kunstkniff von Esther Vilar, den Speer mit den Machthabern der damaligen DDR, 1980, in einen Kontext zu bringen. Der wirkliche Speer hat mit der DDR nichts zu tun, außer daß er sich vielleicht, selbstverständlich als Speer dafür interessiert hat, was aus diesem Deutschland, in dem er vor dem Krieg und während des Krieges eine wichtige Rolle gespielt hat, wird. Also folglich hat er sich sicher auch Gedanken gemacht um die Bundesrepublik und die DDR, vielleicht Überlegungen angestellt, werden diese beiden Staaten eines Tages zusammenkommen oder nicht. Es wird sicherlich darüber Gespräche gegeben haben, und er wird sich sicher auch überlegt haben, warum das westliche Deutschland so eine Prosperität gewonnen hat und in der DDR es wirtschaftlich nicht bergauf ging. Esther Vilar hat die Chuzpe, in ihrem Theaterstück eine fiktive Begebenheit durchzuspielen, nämlich daß die damalige Regierung der DDR Herrn Albert Speer einlädt zu einem Gespräch, um mit ihm zu besprechen, was er denn, wenn er Lust hätte, für die Deutsche Demokratische Republik aufgrund seiner Erfahrungen im »Dritten Reich« tun könnte. Und das ist schon ein ziemlich spitzbübischer Theatertrick, der sicherlich auch auf Menschen, die mit der Geschichte genauer vertraut sind, so wirkt, als hätte das durchaus stattfinden können. Und das ist natürlich eine gewisse Ironie des Schicksals, des nicht stattgefundenen Schicksals, denn eine Verbindung zu schaffen zwischen dem »Dritten Reich« und der DDR ist zunächst einmal nicht zulässig und dann natürlich doch. Die Ironie besteht also darin, daß ein wesentlicher Vertreter eines Systems eine Einladung bekommt eines diametral entgegengesetzten Systems, das aber in ähnlicher Unfreiheit sich geriert. Daß er diese Einladung annimmt, das bedeutet schon, daß Speer in seinem Leben, in seinem Denken, nichts für unmöglich hält.

Schäche: Man könnte durchaus auf die Idee kommen, daß durch diesen Kunstgriff von Esther Vilar Speer mit dem geteilten Nachkriegsdeutschland konfrontiert wird, das zu dieser Zeit ja noch existiert. Er ist ja Mitverursacher dieser Nachkriegsordnung.

Brandauer: Das ist schon sehr spannend, daß jemand, der Mitschuld daran hat, daß dieses Deutschland geteilt ist, daß der dann eingeladen wird, das andere Deutschland, das östliche Deutschland, zu beraten, das heißt, daß er jetzt die Chance hat, zu reparieren, was er verursacht hat. Das ist natürlich schon ein wunderbarer Kunstkniff, und vor allen Dingen, daß er sehr, sehr schnell zu den Problemen der DDR 1980 Stellung beziehen kann, und zwar eigentlich aus dem Handgelenk heraus, weil, wie wir schon sagten: »he knows all answers«. Er hat da sehr schnell Ideen und Vorschläge parat, das heißt, er entpuppt sich auch in diesem Gespräch als ein Macher. Und die Wiederbegegnung mit dem Ort, wo er die »Welthauptstadt Germania« mit Adolf Hitler zusammen geplant hat und das große Architekturmodell stand, bringt ihn nicht in Gewissenskonflikte über diese Zeit und über sein Fehlverhalten, sondern er ist sofort bereit, in die Zukunft zu schauen, und wenn es sein muß, auch für einen kommunistisch geführten Staat. Also das ist schon allerhand.

Schäche: Wie sehen Sie denn in diesem Stück das Verhältnis von Speer zu der die DDR-Realität repräsentierenden Figur des Herrn Bauer?

Brandauer: Wir brauchen den Bauer. Wäre der Speer nicht der Speer, würden wir den Bauer nicht brauchen. Wäre er, sagen wir, ein Mensch, wie hoffentlich die meisten auf dieser Welt, die, wenn sie erkannt haben, was falsch war, versuchen, das, wenn es geht, wieder gutzumachen, dann könnte man ihn allein an diesen Ort schicken, und es würde alles in ihm stattfinden. Eben weil Speer das nicht reflektiert, gar nicht reflektieren kann, brauchen wir den Bauer.

Schäche: Also hat er, Speer, seine fleißigen Aufzeichnungen, die zu den Büchern führten, nicht in erster Linie unter dem

Aspekt der kritischen Betrachtung der Vergangenheit gesehen, sondern letztlich in die Zukunft geschrieben?

Brandauer: Er hat sich ein Alibi verschafft, wie wir ja wissen, in der Zeit des Krieges, weil er durchaus kalkuliert hat, wie wird er, nach dem verlorenen Krieg, das war ja auch für ihn vollkommen klar, wie wird er diese Zeit meistern können? Und er konnte auch ständig auf Kollegen, eigentlich ihm untergebene Wissenschaftler und Techniker, verweisen, die ja nahtlos, als Beispiel, von Peenemünde nach Amerika gekommen sind und dort weitergearbeitet haben, und die auch ein sehr angenehmes Leben hatten und privat und auch technisch und wissenschaftlich weiterarbeiten konnten. Also er konnte sich im Zusammenhang mit diesen Technikern und Wissenschaftlern, die zum Teil nach Amerika, die anderen gingen nach Rußland, das war ja sehr schön aufgeteilt, immer als ein Märtyrer empfinden, als ein Benachteiligter. Und wenn man denkt, daß er kurz vor Ende des Krieges noch hier hinter dem Brandenburger Tor gelandet ist mit seiner Maschine, aus Flensburg, glaube ich, um Adolf Hitler davon abzubringen, daß Hitler Speer zu seinem Nachfolger macht, dann weiß man, wie gestalterisch dieser Speer immer in die Geschichte und den Weg seines Lebens eingegriffen hat.

Schäche: Er hat nichts dem Zufall überlassen.

Brandauer: Nein, nein. Er war ein Mann der Planung.
Ich wollte noch etwas sagen über die Figur des Bauer, also die fiktive Figur. Dieser Bauer wird ein Mann sein, der kurz vorm »Dritten Reich« geboren ist und der am Ende des Krieges, 1945, das ist wie eine Romanfigur, 15, 16 Jahre alt ist, so daß man sagen kann, in seinem erwachsenen Leben, von '45 bis '80, ist er sozusagen so alt wie die DDR. Das heißt, er hat diese DDR erlebt, er wurde darin geformt, gebildet, informiert. Er glaubt an die kommunistische Lehre, er glaubt an Karl Marx und er glaubt an die Epigonen des Karl Marx und des Friedrich Engels, trotz aller Entgleisungen, die es gab, über die er Bescheid weiß, trotz aller Nachteile und trotz aller Schwierigkeiten und Probleme und unangenehmen Dinge, die er auch nicht goutiert, wie wir dann am Ende des Stückes

Der Pariser Platz und das Akademiegebäude im Januar 1998
Foto: Jim Rakete

in Erfahrung bringen. Es ist hochinteressant, daß jemand, der dem Nationalsozialismus gedient hat, konfrontiert wird, Jahre, Jahre später, mit jemandem, der dem Kommunismus, jedenfalls der Idee zunächst, ergeben ist, weil – genau das war ja die Auseinandersetzung Ende der zwanziger Jahre, Anfang der dreißiger Jahre, und es hat sich ja damals politisch dieses Rechts und Links in Deutschland die Waage gehalten. Das Zünglein an der Waage, das es dann umschwappen ließ auf die rechte Seite, das war nicht die Stärke dieser Ideologie, die sich dort angeboten hat, und auch nicht nur die Weltwirtschaftskrise, sondern das war die geniale Nutzbarmachung eines neuen, modernen Mediums, das heißt des Radios und des Films. Also die mediale Betreuung war mit ausschlaggebend, daß man damals sich auf den Weg, den Hitler eingeschlagen hat, mehr oder weniger, einstimmte. Und aus diesem Grund schicken wir ja auch das Stück von Esther Vilar direkt, während wir in der Akademie der Künste spielen für die 140, 150 Zuschauer oder Zeitzeugen »live«, wie das heute so schön heißt, den Zuschauern über die Bildschirme in die Wohnzimmer. Das heißt, wir bedienen uns auch eines Mittels, das 50, 60 Jahre vorher einen wesentlichen Ausschlag gab, daß sich der Nationalsozialismus durchsetzen konnte. Es ist interessant, daß Speer sagt, der einzige, mit dem man sich gut unterhalten konnte von dieser Bande, war, Sie werden jetzt lachen, war Goebbels. Das heißt, der Herr Speer hatte vor einem einzigen Menschen einen Riesenrespekt, der in ähnlicher Unbedingtheit seine Profession, ich würde fast sagen, vollendet betrieben hat, nämlich die des Propagandaministers. Also zwei Begabungen, um die eigentlich das »Dritte Reich« zu beneiden gewesen ist.

Schäche: Aber es ist immer die Frage, für welche Dinge man seine Begabung hergibt.

Brandauer: Ja, ohne die Rückkoppelung mit der Gesellschaft, in der man nun lebt, und die permanente Rückkoppelung mit dem, was man Gewissen nennt oder Moral, nützt keine Begabung. Begabung, sei sie noch so hoch, Genie, sei es noch so faszinierend, ohne eine Rückkoppelung mit der Gesellschaft, in der man lebt, hat gar keinen Sinn.

Gestatten Sie mir noch eine persönliche Bemerkung. Mein Vater war nach siebenjähriger Soldatenzeit am Ende des Zweiten Weltkriegs Gefreiter an der Ostfront. Zufall, Schicksal, Vorsehung … oder Vaters eigene Planung? Ich erinnere mich, daß ich beim Räuber-und-Gendarm-Spielen gerne erzählt hätte, er wäre ein General gewesen. Später war ich dann für ihn und mich froh, daß er nur Gefreiter war.

Berlin, Pariser Platz,
im Dezember 1997/Januar 1998

Blick vom Hotel Adlon über das Gebäude
der Akademie der Künste zum Pariser Platz, Januar 1998
Foto: Jim Rakete

Wolfgang Schäche

*Der Ort: Spurensuche am Pariser Platz**

Der Pariser Platz in Berlin-Mitte, westlicher Endpunkt der Straße Unter den Linden und Entrée zur Dorotheenstadt, zählt ohne Zweifel zu den historisch bedeutungsvollsten Orten der Stadt. Durch den emblematischen Charakter des Brandenburger Tores, in das sich mehr als 200 Jahre deutscher Geschichte eingebrannt haben, ist der Pariser Platz mit der Aura des Besonderen und Ungewöhnlichen umgeben.

Seine herausragende Stellung im architektonisch-räumlichen Gefüge des Innenstadtbereiches bildete sich schon im Verlauf des 19. Jahrhunderts heraus, so daß der renommierte Kunst- und Kulturkritiker Max Osborn in einem Essay über »Berliner Plätze« 1905 feststellen konnte: »Der Pariser Platz ist unser Stolz. Die Harmonie seiner [...] Häuser, seine vornehme Geschlossenheit, die vorbildliche gärtnerische Anlage mit den einfachen Springbrunnen, die freie Mittelfläche – das alles schließt sich zu einem herrlichen Eindruck zusammen.«

Und in der Tat war der Pariser Platz neben dem Gendarmenmarkt die bedeutendste städtebauliche Raumschöpfung, die Berlin zu bieten hatte. Er verkörperte auf eine einfache, angenehme Weise den »Empfangssalon« der Stadt, der stets etwas Feierliches für sich beanspruchen konnte. So blieb es letztlich bis zu seiner Zerstörung. Noch in dem 1929 erschienenen Werk ›Spazieren in Berlin‹ notierte Franz Hessel zum Pariser Platz: »Die Form dieses Platzes mit dem abschließenden Tor, den zurückweichenden Fassaden der einfachen Palais und

* Bei dem vorliegenden Beitrag handelt es sich um eine Kurzfassung einer ausführlichen Untersuchung zum Pariser Platz in Berlin Mitte. Sie erschien unter dem Titel »Spurensuche am Pariser Platz – ein imaginärer Spaziergang, in: 1945 – Krieg – Zerstörung – Aufbau, Architektur und Stadtplanung 1940-1960, Schriftenreihe der Akademie der Künste, Bd. 23, Berlin 1995

dem erfrischenden Rasengrün [...] bewahrt eine Stille und Geschlossenheit, die vorübertosender Lärm und Betrieb nicht stören kann. Wohltuend ist der einheitliche Stil der Gebäude [...]. Und erfreulich ist es zu wissen, daß hier neben Akademien, Botschaften, Reichtum und Adel ein Maler (Max Liebermann) und ein Dichter (Oskar Loerke) hausen.«

Heute, an der Schwelle zum dritten Jahrtausend und ein halbes Jahrhundert nach Beendigung des Zweiten Weltkrieges, ist von all dem, was Max Osborn und Franz Hessel so trefflich zu rühmen wußten, nahezu nichts mehr übriggeblieben. Allein das nach Plänen von Carl Gotthard Langhans 1791 fertiggestellte prächtige Brandenburger Tor – scheinbar seit seiner Entstehung in den wesentlichen baulichen Merkmalen unverändert geblieben – hält die Erinnerung an den historischen Ort eindringlich wach. Von der Existenz der rahmenden Umbauung des Platzvierecks, auf dem die broschenartigen seitlichen Grünflächen mit den Fontänen wiedererstanden sind, zeugt hingegen noch einzig der rückwärtige Gebäudetorso der Akademie der Künste auf der südlichen Platzseite, ohne daß sich daraus eine konkrete Vorstellung von der eigentlichen Platzfigur ableiten ließe. Dementsprechend ist auch die Geschichte des Platzes – zumal die, die zu seiner Zerstörung führte und die nicht von den Gehäusen zu trennen ist, in denen sie sich vollzog – über den heutigen baulichen Bestand kaum noch erschließbar. Ihre Ent-Deckung bedarf der mühsamen Spurensuche ...

Die Geschichte der baulich-räumlichen Auslöschung des Pariser Platzes begann hierbei nicht erst mit den Bomben des Zweiten Weltkrieges, sondern bereits während der dreißiger Jahre. Der physischen Zerstörung ging die sukzessive funktionale Demontage des Platzes voraus. Noch bevor die ersten Bomben fielen, war seine urbane Qualität als »Empfangssalon« (Max Osborn) der Stadt faktisch aufgehoben. Aus dem Ort der gediegenen Bürgerlichkeit und der vornehmen Adressen war ein Un-Ort der nazistischen Politik geworden, eine Schaltstelle zwischen dem alten Machtzentrum an Wilhelmplatz und Wilhelmstrasse sowie dem geplanten Zentrum der »Welthauptstadt Germania«, das auf den Flächen des heutigen Platzes der Republik und im Spreebogen entstehen sollte. Noch ehe die ungeplante Kriegszerstörung des Pariser Platzes und seiner Umgebung einsetzte, hatte die geplante Zerstörung der sogenann-

Pariser Platz, 1937

ten Neugestaltungsplanungen für die Reichshauptstadt, die Berlin zu einem gigantischen Machtmonstrum aufplustern sollte, konkrete Gestalt angenommen und bereits real in das städtische Gefüge eingegriffen.

Entscheidend für die qualitative Veränderung des Pariser Platzes war dabei die Verdrängung der Akademie der Künste durch den »Generalbauinspektor für die Reichshauptstadt Berlin« (G.B.I.). Für jene am 30. Januar 1937 offiziell aus der Taufe gehobene neue Behörde, die mit Albert Speer an der Spitze die erwähnte »Neugestaltung« vorbereiten und umsetzen sollte, mußte die Akademie im Februar des gleichen Jahres das an der südlichen Platzseite gelegene Vorderhaus Pariser Platz 4 räumen, dem bis Frühjahr 1938 die Freimachung der rückwärtigen Ausstellungssäle und Archivbereiche folgte. Die Einquartierung des G.B.I. in dem ehrwürdigen Hause der Akademie, welches im Jahre 1904 für deren Zwecke vom Preußischen Staat erworben und 1905/06 nach Plänen von Ernst von Ihne umgebaut und erweitert worden war, erfolgte dabei auf persönliche Veranlassung Hitlers. Er wollte »seinen Architekten« in unmittelbarer Nachbarschaft zur Reichskanzlei wissen. Die Lage des Grundstücks Pariser Platz 4 ermöglichte ihm eine von der Öffentlichkeit unbemerkte – fußläufige – Verbindung durch die

»Ministergärten«, die eigens dafür durch Pforten miteinander verbunden wurden. Räumlich bot die im Schlagschatten des benachbarten Hotels Adlon gelegene Akademie mit ihren gerühmten Ausstellungssälen zudem optimale Voraussetzungen für den G.B.I. Hier konnten die großflächigen Modelltische aufgestellt und die aufwendigen Planzeichnungen der »Neugestaltung« aufgehängt werden, die im Vorgriff auf die angestrebte Weltherrschaft die apokalyptische Vision von »Germania« beschworen. Eine dreißig Jahre andauernde Geschichte, in deren Verlauf die Akademie sowohl durch ihre Präsenz als auch durch ihre mannigfaltigen Aktivitäten die Kultur des Ortes mitprägte, hatte mit der kruden Besetzung des Gebäudes durch den G.B.I. ihr jähes Ende gefunden. Allein der an der Platzfassade verbliebene bronzene Schriftzug gaukelte der Öffentlichkeit eine Kontinuität vor, die es nicht mehr gab. Hinter der wohlanständigen Palaiskulisse planten die Abteilungen des »Generalbauinspektors« bis zum März 1945, als das Vordergebäude ausbrannte, zunächst zugunsten »Germanias« die systematische Zerstörung Berlins, dann dessen »Wiederaufbau« sowie den anderer deutscher Städte und leisteten mit den in diesem Zusammenhang entfalteten Aktivitäten somit ihren folgenschweren Anteil innerhalb der Macht- und Unterdrückungsmaschinerie des NS-Staates.

Die Übernahme des Akademie-Gebäudes durch den G.B.I. hatte letztlich für weitere »Gebäudeannexionen« Signalwirkung. Nur wenig später folgte die Vereinnahmung des Nachbargebäudes, Pariser Platz 3, durch die Dienststelle des »Generalinspektors für das deutsche Straßenwesen«, Fritz Todt. Das prächtige, in barockisierenden Formen gehaltene dreigeschossige Gebäude, 1878-1880 nach Entwürfen von Rosemann & Jacob entstanden, befand sich bis dahin im Besitz des Rohdich'schen Legatenfonds. Wie beim Gebäude der Akademie, soll auch diese »Einquartierung« auf persönliches Betreiben des »Führers« erfolgt sein, der über die räumliche Nähe eine enge Zusammenarbeit der beiden, für das politische Bauen so herausgehobenen Behörden sichergestellt sehen wollte.

Im März 1940 wurde das Haus Pariser Platz 3 dann Dienstsitz des »Reichsministers für Bewaffnung und Munition«, dessen Amt Fritz Todt in Personalunion mit den Ämtern des »Generalinspektors für das deutsche Straßenwesen« und des

Pariser Platz, um 1980; Gebäude der Akademie der Künste, 1990

»Generalinspektors für Wasser und Energie« wahrnahm. Von hier aus leitete er sein komplexes Machtimperium, was u.a. auch die Funktion des Chefs der nach ihm benannten Bauorganisation (»Organisation Todt«) beinhaltete.

Als Todt am 8. Februar 1942 unter mysteriösen Umständen ums Leben kam, zog schließlich sein Nachbar Albert Speer als neuer Minister in das Gebäude Pariser Platz 3 ein. Hitler hatte ihn nicht nur zu seinem »Rüstungsminister« ernannt, sondern auch sämtliche anderen Ämter übertragen, die Todt vordem innehielt. Zudem blieb er »Generalbauinspektor für die Reichshauptstadt Berlin« und Chef eines mit weitreichenden Kompetenzen, Materialpotentialen und Menschen ausgestatteten Baustabes, den er mit der »Organisation Todt« (OT) nur wenige Tage nach deren Übernahme fusionerte. Speer war damit nach Hitler zum faktisch mächtigsten Mann im Nazi-Reich geworden. Fortan managte er die deutsche Kriegswirtschaft und steuerte die Kriegsmaschinerie auf dieser Ebene in den »totalen Krieg«.

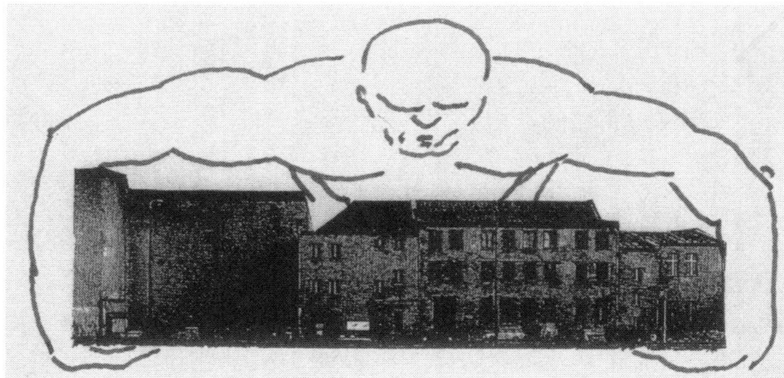

Hans Hoffer

Raumgeschichte: Zur Inszenierung eines historischen Raumes

Hotel Adlon, Zimmer 350 , 4.10 morgens, Stunde des Wolfs, im grellen Licht eines Baustellenscheinwerfers schwebt ein Mensch mit Schutzhelm am nachtschwarzen Himmel, er scheint einen riesigen gelben Betoncontainer zu bewegen. Der Kran schwenkt – alles verschwindet.

Ich stehe auf und gehe ans Fenster um meinen Blick zu verlängern und das irreale Bild zu vertiefen. In der gleißend beleuchtenden Baunacht wirken die Reste der Akademie der Künste wie eine Fälschung, ein bewußt plazierter Filmbau, eine »alteuropäische Ruine«, erfunden als raffinierter Mantel für ein Museum, ein »Haus der Geschichte«.

Das Fragment scheint beziehungslos, ohne Anbindung an das Quarré des Pariser Platzes, losgelöst und ohne Orientierung, zwischen den Zeiten, abwartend.

Bauen ist ein Weiterdenken des Vorhandenen, um eine »neue Welt« zu errichten muß immer etwas von der alten zerstört werden; hier nicht, in Berlin, zerstört war schon, und zwar gründlich, nicht nur ein Stück »Welthauptstadt«, sondern auch gleich einiges mehr.

Die konzeptive Intelligenz des Architekten, »Generalbauinspektors« und »Reichsministers für Bewaffnung und Munition« Albert Speer gab sich nicht ab mit der bloßen Verplanung von Flächen und Gelände, nein, da wurde auch die Deportation und letztlich das Schicksal zigtausender Menschen kalt mitgeplant. Der Aushub umfaßte nicht nur Erdmaterial, sondern auch sogenanntes »minderwertiges Menschenmaterial«.

Die kühle Nachtluft des späten Jahres läßt mich etwas schauern und zurücktreten. Einzelne Flocken legen sich auf mein Gesicht.

Jetzt wird wieder gebaut, hier in Berlin und in dieser künstlichen Nacht ohne Nacht, diesem »Halogentag«, der erst in 742 Tagen mit dem Jahr 2000 enden wird.

Das Baustellenlicht durchscheint auch das Glasdach der ehemaligen Ateliers und imaginiert menschliches Leben darunter, auch im großen Ausstellungssaal der Akademie läßt sich das vermuten. Vielleicht hat mich ja die Zeitreise nach »Germania« versetzt und es wird an jener »Welthauptstadt« gebaut, vielleicht stehen sie ja da unten, in Uniformen mit Champagnerkelchen zwischen den Modelltischen Speers, nach einem Spaziergang durch die Ministergärten und träumen sich spielend eine Welt zusammen für diese Stadt.

»Batman« am gelben Container schwenkt wie ein Zeiger am Himmel vorbei, die »große Uhr« dahinter scheint für uns nicht lesbar, wie ein Zeichen, für die permanente Bewegung im historischen Raum bleibt sie ein Rätsel.

Der historische Raum ist nicht statisch, das Wesen dieses Raumes ist immer das Geschehen, die Inszenierung eines historischen Raumes endet nicht an dessen Außenmauern mit seiner Geographie, sondern umfaßt einen bestimmten Abschnitt seiner Geschichte. Die Inszenierung darf den »Raum« nicht mit ästhetischen Mitteln und Kunstgriffen hermetisch versiegeln oder harmonisieren, sondern muß im Gegenteil alle möglichen subjektiven Assoziationsfelder öffnen.

Der Gedanke, daß hier in diesen Räumen Max Liebermann arbeitete und sich wie Alfred Döblin, Ricarda Huch, Heinrich Mann und andere zum Austritt aus der Akademie gezwungen sah ...

Nachdenklich schaue ich hinüber am Brandenburger Tor, mit seiner einmal von Napoleon gestohlenen Quadriga, vorbei und ich kann noch etwas von der entstehenden neuen Kuppel des Reichstages sehen, ein imposantes Gerippe und doch zierlich im Vergleich zur gewaltigen Kuppelhalle Speers für »Germania«, die in ihrem Inneren eine eigene Klimazone mit Wolkenbildung, Gewitter, Regen und Schnee hervorgerufen hätte.

Ein Zeichen, die Kuppel, als Teil unserer Welt, das gleiche Symbol in verschiedenen Ausmaßen. In der einen, die ich jetzt leicht verschwommen durch die Winternacht sehen kann, werden einmal Menschen von oben ihre Regierung arbeiten und planen sehen; die andere war nur bestimmt dazu, einen tödlichkalten Gestaltungswillen zu manifestieren.

Da wäre zu bedenken: Je gewaltiger und größer der Bau, desto kleiner fühlt sich der Mensch darin. »Die Engel der Geschichte« haben die Planer korrigiert, die größenwahnsinnigen Phantasien blieben im Raum als Modell oder gingen andere verheerende Wege.

Wind kommt auf, aus einem der vielen Zimmer weht Musik her, und mir fällt die kleine Geschichte meines Großvaters ein, wenn er davon erzählte, wie Max Liebermann Vicky, unsere Großmutter, in Prag gemalt hatte, weil sie so schön gewesen sei, das Bild wäre in den Kriegswirren verschwunden.

Langsam, mit den verwehten Klängen im Ohr, schließe ich das Fenster.

Im Großen Ausstellungssaal der Akademie der Künste am Pariser Platz, Januar 1998
Foto: Jim Rakete

Berlin 1998, Akademie der Künste am Pariser Platz

Speer
von Esther Vilar

Inszenierung Klaus Maria Brandauer
Raum Hans Hoffer
Kostüme Moidele Bickel
Albert Speer Peter Simonischek
Hans Bauer Klaus Maria Brandauer
Initiator und Produzent Lukas Leuenberger
Wissenschaftliche Beratung Wolfgang Schäche
Mitarbeiter von Klaus Maria Brandauer Nikolaus Windisch-Spoerk
Regieassistenz Marion Forster, Andrea Janauschek
Produktionsmitarbeit Peter Bieri, Matthias Leuenberger
Produktionsassistenz Michael Baral, Cla-Martin Caflisch, Sebastian Schäche
Technische Leitung Stefan Krug
Produktionsfotograf Jim Rakete
Plakat und Werbemittel Gudrun Fröba

Premiere 30. Januar 1998 Akademie der Künste am Pariser Platz
TV-Aufzeichnung/-Ausstrahlung Direktausstrahlung der Aufführung vom 31. Januar 1998, 20.15 Uhr durch 3Sat, mit anschließender TV-Diskussion aus der Akademie der Künste am Pariser Platz.
Eine Produktion von Lukas Leuenberger

Das Projekt wurde unterstützt durch
Akademie der Künste, DG Bank, Dresdner Bank AG, Siemens AG, Partner für Berlin und weitere Förderer

Wir danken herzlich
Hotel Adlon, Berlin; Akademie der Künste, Berlin; Bauaufsicht Berlin-Mitte; Regina Blaser; Florian Cavaclini; DG Bank; Dresdner Bank AG; Grand Hotel Victoria-Jungfrau, Interlaken; Uta Grünberger; Hans Gerhard Hannesen; Volker Hassemer; Walter Jens; Wolfgang Lorenz; Peter Michel; Österreichischer Rundfunk ORF; Partner für Berlin; Hartwig Piepenbrock; Jim Rakete; 3Sat; Wolfgang Schäche; Carolin Schönemann; Senatsverwaltung für Bauen, Wohnen und Verkehr, Berlin; Siemens AG; Therese Steiner; :Transit Buchverlag, Berlin; ZDF.
Mit großem Dank an Peter Bratschi, Heinz Dürr und Peter Rüegg, die mit ihrem Engagement die Voraussetzungen für die Verwirklichung des Projektes geschaffen haben.

Esther Vilar wuchs als Tochter deutscher Emigranten in Argentinien auf. Sie war Ärztin, bevor sie sich ganz auf ihre schriftstellerische Arbeit konzentrierte. Zu ihren Veröffentlichungen gehören Essays (»Der betörende Glanz der Dummheit«, »Wie lebenswert wäre das ewige Leben?«), Romane (»Die Mathematik der Nina Gluckstein«, »Rositas Haut«) und Bühnenstücke (»Die amerikanische Päpstin«, »Das Lächeln des Barrakuda«). Sie lebt heute in Barcelona. Im Frühjahr 1998 erscheint ihr Essayband »Denkverbote – Tabus an der Jahrtausendwende«.

Klaus Maria Brandauer, geboren im Salzkammergut, ist einer der großen Bühnen- und Filmkünstler unserer Zeit. Mitglied des Wiener Burgtheaters auf Lebenszeit, Hochschulprofessor und Ehrendoktor u.a. der Universität Tel Aviv. Wichtige Arbeiten u.a.: Hamlet, Jedermann, Don Carlos, Mephisto, Oberst Redl, Out of Africa, Georg Elser, Mario und der Zauberer. In Vorbereitung: Jedermanns Fest, Das Leben von Rembrandt. Er lebt abwechselnd in der Steiermark, in Wien und in New York.

Wolfgang Schäche, 1948 in Berlin geboren. Nach wissenschaftlichen Tätigkeiten an verschiedenen Hochschulen seit 1988 Professor für Baugeschichte und Architekturtheorie an der TFH Berlin. Autor zahlreicher Veröffentlichungen zu Architektur und Städtebau im 19. und 20. Jahrhundert. Sein Werk über »Architektur und Städtebau zwischen 1933 und 1945« (1990) gilt als Standardwerk der architekturhistorischen Forschung zu diesem Thema. Das gemeinsam mit Hans J. Reichhardt verfaßte Buch »Von Berlin nach Germania« über Albert Speers Neugestaltungsplanungen erscheint in einer Neuauflage 1998 im :Transit Verlag Berlin.

Lukas Leuenberger verwirklicht seit 1985 als selbständiger Produzent Projekte, u.a. Freilichtinszenierungen wie Der Besuch der alten Dame von Friedrich Dürrenmatt (mit Voli Geiler, Walo Lüönd u.a.); Die Schwarze Spinne nach Jeremias Gotthelf (mit Barbara Sukowa, Karl-Heinz von Hassel, Peter Kern, Hans-Michael Rehberg u.a.), sowie das Projekt Jeanmaire. Ein Stück Schweiz, für das Urs Widmer den Text geschrieben hat (mit Dinah Hinz, Helen Vita, Michael Gempart, Walo Lüönd u.a.).
Für Sommer 1998 ist ein großes Projekt zum 200. Todesjahr von Ulrich Bräker (1735-1798) im Toggenburg in Vorbereitung. Bräkers Lebensgeschichte und natürliche Ebentheuer des Armen Mannes im Tockenburg gehört, wie sein Shakespeare-Büchlein, zur Weltliteratur. In Berlin und London sind Bräker-Gastabende geplant.

Bildquellen: aus: Pariser Platz Nr. 4, Akademie der Künste zu Berlin, Eine Dokumentation, Berlin 1991, Fotograf: Roman März: S. 121 unten; Bestand Hans Hoffer: S. 122, 125; aus: Rudolf Wolters, Albert Speer. Deutsche Künstler unserer Zeit, Oldenburg, 1943: S. 10; Fotobestand Verlag: S. 69; aus: Das III. Reich. Nachkrieg, Hamburg o.J.: S. 70; Bundesarchiv Koblenz: S. 81; Landesbildstelle Berlin: S. 88, 121 oben; alle anderen: Fotobestand Wolfgang Schäche, Berlin.